Birgit Hummler

Das Leben ist zu kurz, um Deutsch zu lernen

Birgit Hummler

Das Leben ist zu kurz, um Deutsch zu lernen

Vom Martyrium die Fremdsprache Deutsch zu lehren

Bibliografische Information der Deutschen Nationalbibliothek:
Die Deutsche Nationalbibliothek verzeichnet diese Publikation in
der Deutschen Nationalbibliografie; detaillierte bibliografische
Daten sind im Internet über http://dnb.dnb.de abrufbar.

© 2021 Birgit Hummler
www.birgithummler.de

Umschlaggestaltung und –bild: Billa Spiegelhauer
Korrektorat: Dr. Katrin Bischl, www.bischl-seminare.de
Herstellung und Verlag: BoD – Books on Demand, Norderstedt

ISBN: 978-3-7534-4203-7

Die WÜRDE des Menschen ist kein Konjunktiv.

Über die Autorin:

Birgit Hummler, Jahrgang 1953, ist in Stuttgart aufgewachsen und lebt heute in Breisach am Rhein.

Sie hat Sprach- und Literaturwissenschaften sowie Journalistik und Kommunikationswissenschaften studiert und als Fachjournalistin für Hörfunk und Printmedien gearbeitet. In verschiedenen Verlagen hat sie Sachbücher und Kriminalromane veröffentlicht: www.birgithummler.de

Seit 2015 ist sie in der Flüchtlingshilfe und im Helferkreis Breisach aktiv und unterstützt Zugewanderte, insbesondere beim Deutschlernen.

Ein Wort zum Anfang

Es war zu Zeiten, als man noch unbeschwert reisen konnte. Ich war für ein paar Tage an den Bodensee gefahren, wo ich ein kleines Refugium gefunden hatte, um auszuspannen, weil ich vom Schreiben die Nase voll hatte. Ich schlenderte durch die mittelalterlichen Sträßchen des konziliaren Konstanz und fand mich vor dem Schaufenster einer Buchhandlung wieder. Mitten in der Auslage sprang mir ein kleines Büchlein ins Auge. „Deutsch für alle" war der Titel.

Ich bin ein Sprach-Junkie. Ich gehöre zu jenen absonderlichen Menschen, die Spaß daran haben, in Bastian Sicks diversen Büchern der Reihe „Der Dativ ist dem Genitiv sein Tod" zu stöbern. Mich fasziniert die menschliche Fähigkeit, in einer Welt, die doch für alle Menschen gleich ist, eine unendliche Vielfalt sprachlicher Welten zu schaffen und damit die Wirklichkeit in eigenwilliger und origineller Weise widerzuspiegeln. Ich liebe die deutsche Sprache mit ihrer Kreativität der Wortneubildungen, mit ihrer Möglichkeit, alleine durch die Stellung von Satzgliedern subtile Feinheiten auszudrücken, mit ihrem riesigen Wortschatz und den Redewendungen, mit denen selbst die skurrilsten philosophischen Ergüsse präzise wiedergegeben werden können. Wie andere Leute Liebesromane lese ich „Das kleine Etymologicum – eine Entdeckungsreise durch die deutsche Sprache" oder „Sprachen der Welt – warum sie so verschieden sind und sich doch alle gleichen". Und natürlich auch Mark Twains Essay „The Awful German Language".

Ganz klar, ich kaufte das Büchlein sofort, las es in einem Rutsch durch, um festzustellen, dass es wieder einmal minutiös die Qualen der Ausländer beim Deutschlernen behandelte, auf durchaus unterhaltsame und witzige Weise, aber einen fundamentalen Aspekt vollkommen ausließ: Die Qualen der Deutschlehrer.

Okay, man kann versuchen mit Computerprogrammen eine Fremdsprache zu erlernen. Das kann sogar funktionieren. Vielleicht mit Italienisch oder Persisch oder Japanisch. Niemals aber mit Deutsch. Mit dieser Sprache sind selbst Computer überfordert. Also braucht es Deutsch-als-Fremdsprache-Lehrer und -Lehrerinnen. Ohne sie kommt man dieser Sprache nicht bei. Und doch kommen sie nie vor in all den Klagen und dem Wehgeschrei.

Das muss geändert werden. Das habe ich mir vorgenommen. Das Ergebnis halten Sie nun in der Hand.

Wenn Sie nach diesen Worten tatsächlich gewillt sind, auf die nächste Seite zu blättern, dann möchte ich zuvor eine Warnung aussprechen. Sollten Sie zu der Gruppe von Menschen gehören, die bei dem Wort „Flüchtling" die Krätze bekommen und dafür plädieren, die ganze Bagage wieder ins Meer zu jagen oder in libyschen Gefängnissen und griechischen Elendslagern vergammeln zu lassen, dann legen Sie dieses Buch ganz schnell wieder weg.

Wenn Sie aber zu jenen Menschen gehören, die sagen „Flüchtlinge, na ja, müssten nicht sein, sind aber nun mal da. Hauptsache, es werden nicht mehr", dann könnten Sie von der Lektüre dieses Buches durchaus profitieren, weil es Ihnen zwei gute Gefühle vermitteln wird.

Das erste ist Hochachtung.
Hochachtung ist eine altruistische Emotion und ziert den Menschen daher grundsätzlich. Sie werden Respekt empfinden vor

jedem der eingewanderten Menschen, ganz gleichgültig, aus welchem Grunde sie hier bei uns sind, die diese Sprache auch nur rudimentär beherrschen. Ihre empathischen Fähigkeiten werden damit intensiv geschult.

Das zweite Gefühl ist eine unendliche Dankbarkeit.

Dankbarkeit – je nach Ihrer weltanschaulichen oder religiösen Ausrichtung – an das Schicksal, Allah oder Gott oder einfach das Sein und das Universum dafür, dass Sie die deutsche Sprache nicht als Fremdsprache erlernen mussten. Erst wenn Sie begreifen, welch groteske Regeln und bizarre sprachliche Konstrukte Sie als Kind ganz intuitiv und selbstverständlich, quasi mit der Muttermilch, ohne Qualen und Leiden, in sich aufgenommen haben, werden Sie Ihr Glück zu schätzen wissen. Das Glück, dass Sie niemals fliehen mussten, und schon gar nicht in einen Staat, der eine solche Landessprache hat.

Ich verspreche Ihnen: Ein wohliges Gefühl wird Sie durchströmen.

Endlich Deutsch für alle

Was für ein Werk hielt ich da in Händen! Ich war begeistert, nachdem ich an einem wunderschönen Frühlingstag am Bodensee in einer antiquarisch anmutenden Buchhandlung das kleine Büchlein erstanden hatte.

Endlich hatte jemand den Mumm und die Verve. Endlich ist jemand das Wagnis eingegangen, sich dieser störrischen Sprache anzunehmen, diese krude Grammatik anzugehen und die Abstrusitäten wenigstens etwas zu glätten. Es war eine Heldentat, und die Vorschläge des Autors, wie man die deutsche Sprache so vereinfachen könnte, dass ein Nichtmuttersprachler überhaupt die Chance hat, diese Sprache halbwegs korrekt zu sprechen und zu schreiben, konnte ich nur voll und ganz begrüßen.

An manchen Stellen gingen sie mir nicht weit genug. Aber dazu später mehr.

Trotz allen Lobes und aller Dankbarkeit – ein bisschen geärgert haben mich die Wehklagen. Angefangen bei Mark Twain, der sich bitter über die „Awful German Language", die „schreckliche deutsche Sprache" beschwert, über Marcel Proust, der die „schwerfällige germanische 'Feinheit'" belächelt, den syrisch-deutschen Schriftsteller Rafik Shami, der indirekt auf die furchtbaren Germanistinnen schimpft, die unentwegt grammatikalische Fehler korrigieren, die US-amerikanische Berliner Autorin Elvia Wilk, die konstatiert, „diese Sprache ist felsiges Gelände", die nicht dazu geeignet sei, Neuankömmlinge in Deutschland einzugliedern, bis hin zum Autor von „Deutsch für alle", dem irakisch-deutschen Schriftsteller Abbas Khider. Immer wieder dieses Wehgeschrei.

Okay, es ist nicht leicht, wenn wir – sagen wir einmal – uns über deutsches Brot unterhalten, sich an alle notwendigen Vokabeln wie „Backwarenherstellung", „Backofentemperatureinstellung" oder „Getreidemahlerzeugnisse" zu erinnern, dabei die Worte „Herstellung" und „Einstellung" nicht zu verwechseln, zugleich zu überlegen, ob Gebäck, Brezeln oder Kuchen männlich, weiblich oder sächlich sind, wie die Mehrzahl davon heißt und ob es überhaupt eine gibt. Es ist mir völlig klar, dass man als Nichtmuttersprachler zugleich überlegen muss, ob es „den süßem Kuchen" oder „dem süßem Kuchen" oder eventuell ganz anders heißt, parallel dazu den Satzaufbau bewältigen und überschauen muss, welches der Haupt- und welches der Nebensatz ist, dann noch die Verben korrekt positionieren und schließlich die Worte „süß" und „Brötchen" richtig aussprechen sollte, weil „sis" und „Bretschen" kein (deutscher) Mensch versteht.

Alles nicht einfach. Ich verstehe durchaus, dass einen diese Sprache „an den Rand des Wahnsinns" treiben und im „Gehirn (…) vieles durcheinander" bringen kann. Aber dass sie den Autor „mehr Tränen vergießen" ließ „als manch schreckliche Erfahrung während" seiner Flucht, das scheint mir doch übertrieben. Glauben die Ausländer eigentlich, dass nur sie leiden? Warum sind sie so beleidigt? Immerhin sind solche Schriftsteller das beste Beispiel dafür, dass es tatsächlich gelingen kann. Dass ein Nichtmuttersprachler diese Sprache so erlernen kann, dass er nicht nur die deutschen Philosophen liest und verstehen kann, sondern sogar Bücher in dieser aberwitzigen Sprache verfasst!

Sie klagen alle: Ach, die deutsche Sprache erlernen – so schwer, so schwer. Sie haben keine Ahnung. Sie wissen nicht, was wirkliches Leiden ist. Das wahre Martyrium, die ultimative Herausforderung ist es, DEUTSCH ZU UNTERRICHTEN!

Deutsch – das Tor zur Integration

Da denkt man, das habe ich ja schon mal gemacht, das bekomme ich hin. Denn immerhin habe ich während meines Studiums der deutschen Sprache und Literatur meinen Lebensunterhalt damit verdient, italienischen Gastarbeitern eben diese Sprache beizubringen. Um dies möglichst gut zu machen, studiert man dann auch „Deutsch als Fremdsprache", eignet sich die Methoden der Kontrastiven Grammatikvermittlung an und lernt ein bisschen Italienisch. Denn hätte ich meinen Sizilianern erklärt, dass im Deutschen die Negation nach dem Verb steht, dann hätten sie mich angeschaut wie ein Cinquecento, weil sie mit ihren vier Jahren Grundschule weder den Begriff Negation noch Verb jemals gehört hatten. Wenn ich ihnen aber erklärte, dass man im Deutschen nicht „io non vado" (ich nicht gehe) sondern „io vado non" (ich gehe nicht) sagt, dann lachten sie sich halbtot, aber sie verstanden es. Die Schlauen konnten es manchmal sogar richtig anwenden. So habe ich immerhin meinen integrativen Beitrag dazu geleistet, dass wir uns nicht nur von Burger und Döner ernähren müssen, weil heute jedes Kaff seine Pizzeria hat, und dass „Spaghetti-Fresser" kein Schimpfwort mehr ist, weil wir alle welche sind.

Ich war also gewappnet und guter Dinge, als die Flüchtlingswelle über uns hereinbrach. Deutsch – das ist das Tor zur Integration. Ohne Deutsch hat keiner eine Zukunft in diesem Land. Ich würde wieder Deutsch unterrichten.

Die erste Schülerin, die ich hatte, war aus Eritrea, sprach kein Wort Englisch, nicht Französisch oder sonst eine Sprache, von der ich wenigstens ein paar Brocken verstanden hätte. Ihre Muttersprache war Amharisch. Ich hatte zuvor gar nicht gewusst, dass eine solche Sprache existiert, geschweige denn, dass ich die Schriftzeichen je gesehen hätte. Da stand ich nun mit meiner Kontrastiven Grammatik.

Ob Maryam von dieser Art Fremdsprachenvermittlung durch den Vergleich der Wortstellungen und der Wortbildung profitiert hätte, weiß ich nicht. Es fiel ihr nach all den Monaten, in denen ich mich redlich bemüht hatte, nach wie vor schwer, einen deutschen Satz korrekt zu sprechen, der mehr als fünf Worte hatte. Es lag wohl nicht an einem Mangel an Talent. Dumm war sie sicher auch nicht. Ihr Vater war bei einem Pogrom gegen evangelikale Christen, einer nicht anerkannten religiösen Minderheit, ums Leben gekommen. Die restliche Familie hatte fliehen müssen. Als ich sie einmal fragte, ob sie überhaupt in einem Zimmer mit muslimischen und katholischen Frauen leben könnte, wiegte sie den Kopf und meinte: „Wir wissen längst, dass es nur einen Gott gibt, egal wie er genannt wird."

Vielleicht war es auch einfach so, dass ihr Kopf nie richtig bei der Sache war, weil Erinnerungen und Kümmernisse sie gefangen hielten. Erinnerungen an ein Leben, in dem sie fast immer auf der Flucht war, herumgeschubst und wohl ein paar Mal vergewaltigt worden war. Kummer und Sorgen um ihre kleine Tochter, hervorgegangen aus eben einer solchen Gewalttat, die bei der Großmutter in Somalia aufwuchs und zum großen Kummer von Maryam im fernen Deutschland keine Chance hatte, zur Schule zu gehen. So wie die Mutter, die heimatlos nie die Gelegenheit gehabt hatte, kontinuierlich eine Schule zu besuchen.

Aber auch solche Menschen können eine Fremdsprache lernen, wie ich später immer wieder festgestellt habe. Ich sah das Versagen vor allem bei mir und in der Tatsache, dass aufgrund meiner rudimentären Amharisch-Kenntnisse keine vernünftige Verständigung möglich war. Auf die Idee, dass es auch maßgeblich an meiner vertrackten Muttersprache liegen könnte, kam ich noch nicht.

Die nächsten Schüler waren zwei junge Männer aus Gambia. Dort spricht man neben den Stammessprachen Englisch. Wunderbar – das müsste funktionieren.

Doch ich verstand kein Wort. Ich zweifelte daran, ob ich tatsächlich acht Jahre Englischunterricht gehabt hatte. Es war natürlich klar, dass die beiden kein Oxford-English sprachen. Aber in den USA hatte ich mich nach ein paar Tagen so eingehört, dass ich doch wesentlichen Teilen der Konversation folgen konnte. Mit den Gambiern – keine Chance.

Zum Glück waren Lamin und Omar nicht auf den Kopf gefallen, für gambische Verhältnisse sehr gut gebildet, hatten acht oder neun Schuljahre hinter sich. Wohlgemerkt auf der Englischen Schule, nicht nur auf der Koranschule wie manche andere. Die beiden waren ein echter Segen für mich. Denn hätte ich zunächst Westafrikaner unterrichten müssen, wie ich sie später immer wieder traf, die ihr ganzes junges Schulleben nur damit verbracht hatten, arabische Schriftzeichen zu üben und die Suren des Korans auswendig zu lernen, die nie systematisch die lateinische Schrift und außer Mandinka, Wolof oder Fula nur das Arabisch des Korans gelernt hatten, ich hätte den Job wahrscheinlich geschmissen.

So hatte ich immerhin die Möglichkeit, die englischen Wörter an die Tafel zu schreiben und tatsächlich ein verstehendes Nicken zu ernten. Wir konnten ein Wörterbuch zurate ziehen. Und es gelang mir dadurch die fremden Klänge zu entschlüsseln und zu verstehen, dass „*brosso*" „*brother*" hieß. Hinzu kam, dass die beiden eine nicht unwesentliche Zahl an deutschen Vokabeln sehr schnell lernten, weil die englischen Wörter germanischen Ursprungs doch sehr ähnlich sind. Die Aussprache der Wortkombination *schw* in *Schwester* konnte natürlich von keinem der beiden korrekt gemeistert werden. Aber ich war gnädig. Solange ein Durchschnittsdeutscher verstand, was eine *Swester* ist, war mir das schnurzpiepegal. Die Parallele zu „*sister*" machte das Ganze erträglich für die beiden.

Zur Qual für uns alle wurde es jedoch, als ich den Akkusativ und den Dativ erklären wollte.

Akkusativ, Dativ – wozu braucht man das? Wissen Sie's, verehrte Leserin, verehrter Leser?

Über diese Frage habe ich lange nachgedacht. Bis ich schließlich zu diesen Satzkonstrukten kam:

Der Hund beißt den Mann oder *Den Mann beißt der Hund.*

Der Mann beißt den Hund oder *Den Hund beißt der Mann.*

Na, das ist doch wohl ein Unterschied. Wer wen? Damit wäre doch zumindest der Akkusativ mal erklärt. Ich triumphiere.

Große, entsetzte afrikanische Augen schauen mich an.

„Passiert das wirklich in Deutschland?"

„Machen deutsche Männer wirklich so etwas?

Ich resignierte.

Und ich war nicht die Einzige. Wie viele Enthusiasten hatten sich spontan gemeldet, um zu helfen, um zu unterrichten. In unserer kleinen Stadt mit den grade mal 14.000 Einwohnern hatten sich mehr als vierzig Leute bereit erklärt, beim Deutschlernen zu unterstützen oder gar ganze Klassen zu unterrichten. Weit mehr als hundert Menschen waren bereit, Angela zu unterstützen beim

„Wir schaffen das". Aus Volksverbundenheit und Fremden-freundlichkeit. Weil sie wussten (die meisten jedenfalls), dass die Deutschen ohne die vielen Einwanderungswellen der letzten Jahrzehnte längst ein Volk im Altersheim wären. Weil sie nicht nur Menschen in Not helfen, sondern auch dafür sorgen wollten, dass diese eine Bereicherung für unser Land werden und nicht den Einheimischen durch Reibungspunkte und Konflikte Kummer bereiten. Mit einer ungeheuren Tatkraft, mit Feuereifer und Hilfsbereitschaft machten wir uns ans Werk, stürzten uns in die Klassenzimmer, die uns überall, bei der Caritas, bei der Volkshochschule, in kirchlichen Gemeindezentren zur Verfügung gestellt wurden, sammelten Lehrmaterialien, didaktisch aufbereitet, extra für Flüchtlinge entwickelt, knieten uns rein – und resignierten.

Nicht nur Laien, die sich ihrer unendlichen Naivität sagten: „Ich kann Deutsch, also kann ich helfen." Da waren auch ehemalige und aktive Grundschullehrer, Lehrerinnen und Lehrer von höheren Schulen, der ehemalige Rektor einer Berufsschule, Leute, die Jahrzehnte an Volkshochschulen Fremdsprachen unterrichtet hatten. Man muss voll Anerkennung konstatieren, dass diese Gruppe von Lehrern oft am längsten durchhielt, waren sie ja gewohnt, auch mit Schülern zu tun zu haben, deren Lernerfolge sich trotz größter Bemühungen in Grenzen hielten.

Doch letztendlich erfasste auch sie der Frust. Nicht nur wegen der Schüler mit begrenzten Lernerfolgen. Sie verzweifelten auch an der deutschen Sprache. „Die deutsche Sprache ist so schwierig, dass sie bestens als Mittel der Ausgrenzung funktioniert", konstatierte die amerikanische Redakteurin und Autorin Elvia Wilk 2015 in der ZEIT und bescheinigt dem Deutschen eine Komplexität, die „eine fantastische Grundlage dafür (bildet), diejenigen auszugrenzen, die sie nicht beherrschen." Auch mir schwante nach und nach: Es muss auch etwas mit meiner Muttersprache zu tun haben.

Ein Beispiel, liebe Leser und Leserinnen:

Das Wörtchen *das(s)*.

Harmlos, schlicht und einfach auszusprechen. Aber dann sind solche Sätze möglich: *Das(s) er das(s) Haus, das(s) er gekauft hat, bezahlen kann, ohne das(s) er hohe Schulden macht, das(s) glaube ich nicht.*

Das harmlose Wörtchen *das(s)* kann nämlich Artikel, Demonstrativpronomen, Relativpronomen oder Konjunktion sein. Und wenn Sie, lieber Leser, liebe Leserin, nun den Unterschied nicht auf Anhieb erklären können, wie muss es dann einem passabel Englisch sprechenden Afrikaner ergehen? Der würde einfach sagen: *That he could pay for the house he has bought without having high debts, this I cannot believe.* Einwandfrei und klar wird unterschieden: *That, the* und *this.* Im Englischen kommt man sogar ohne das Relativpronomen aus.

Das(s) wäre alles nicht dramatisch, wenn man immer wüsste, wann *das(s)* mit einem s und wann mit Doppel-s geschrieben wird. Schauen Sie sich mal Ihre E-Mails, Ihre SMS- und WhatsApp-Messages an – Ihre eigenen und die Ihrer deutschen Kommunikationspartner. Sind Sie wirklich sicher, das(s) Sie und andere gebildete Leute immer das richtige *das(s)* treffen? Können Sie guten Gewissens sagen: *Ich weiß, dass das so richtig ist.* Oder eher: *Das dass so ist, dass wissen wir nicht gewiss.* Und sind Sie sicher, das(s) hier alles stimmt: *„Dass dasselbe und das Gleiche nicht dasselbe ist, das sieht man schon daran, dass dasselbe zusammen und das Gleiche auseinander geschrieben wird."*?

Und noch so ein Wort: *sie.*

Es kommt ganz unscheinbar daher. Aussprache? Simpel! Im Amharischen, im Arabischen, in Mandinka und in Farsi gibt es die Laute *s* und *i.* Also von daher kein Problem.

Wenn Sie sie heute sehen, dann sagen Sie ... ihr oder ihnen(?), dass sie heute nicht kommen. Oder: *dass Sie heute nicht kommen.* Oder etwa: *dass sie heute nicht kommt.*

Blicken SIE da noch durch? Und wissen SIE, ob es eine Person ist oder mehrere, die ihnen oder ihr etwas mitteilen soll(en)? Aber ein junger Afghane, aufgewachsen im Bergland von Paktia, einer Provinz im Südwesten an der Grenze zu Pakistan, der dort das Vieh der Familie gehütet hat, nie eine Schule besuchen konnte, der erlebt hat, wie der Onkel von den Taliban erschossen und die ganze Familie mit dem Tod bedroht worden war, und der fast zwei Jahre auf der Flucht war, der soll das verstehen.

Sprachlos

Es wäre allerdings durchaus wünschenswert, dass er es verstehen könnte. Denn wie es ist, wenn Syrer, Irakerinnen, Schwarzafrikaner, Georgier, Pakistani und Afghaninnen wild zusammengewürfelt werden, keiner ein Wort Deutsch spricht und man auch sonst keine gemeinsame Sprache findet, das haben all diejenigen der hochmotivierten Helfer erlebt, die sozusagen erste Hilfe bei den Neuankömmlingen leisteten. Wie haben wir die Babylonier verflucht, die mit ihrem bescheuerten Turmbau zu Babel den lieben Gott so erzürnten, dass er die sprichwörtliche babylonische Sprachenverwirrung über die Menschheit hereinbrechen ließ und damit das Chaos auslöste, das heute noch auf manchen Baustellen herrscht.

Man hatte in unserer Stadt eilig ein Containerdorf hochgezogen und darin in kürzester Zeit 350 Menschen untergebracht. Betten und Spinde waren da. Aber nichts zu essen. Geld hatten die Neuankömmlinge noch keines. Also konnten sie auch nichts einkaufen, aber hungrig und erschöpft waren sie. Nur wenige der Kinder weinten. Sie taten das, was sie seit Wochen und Monaten gelernt hatten: Sie verhielten sich so ruhig und genügsam wie möglich und klammerten sich an die Eltern. Doch die Erwachsenen machten Handzeichen. Die Leute hatten Durst. Sie brauchten wenigstens etwas zu trinken.

In aller Eile besorgten die Leute aus unserem Helferkreis Getränke und belegte Brötchen und verteilten sie. Ein Mann schaute misstrauisch die Brötchen an und fragte etwas. Kein Mensch außer seinen Landsleuten verstand ihn. Und die nickten heftig zu seinen Äußerungen. Was sie wollten, blieb uns ein Rätsel. In einer unbekannten Sprache redete eine Frau auf Gisela ein. Es muss etwas Wichtiges gewesen sein. Bis heute weiß Gisela nicht, was die Frau von ihr wollte. Die Campleitung teilte die Leute so gut es ging nach Ethnien auf die Drei-Personen-Kabuffs der Wohncontainer auf. Wünsche, die von den Flüchtlingen geäußert wurden, konnten nicht als solche verstanden werden. Was sich später oftmals als fatal erwies, weil man als gutwilliger deutscher Sozialarbeiter einfach nicht wusste, dass man eine Iranerin nicht unbedingt mit einer Araberin ins gleiche Zimmer stecken konnte, weil die Iranerin – aus welchem Grund auch immer – Araber hasste. Oder dass ein Afghane nicht gleich Afghane ist. Wie sollte man die wortreichen Proteste eines Paschtunen verstehen, inhaltlich und sprachlich, der sich partout weigerte, mit einem Angehörigen der Ethnie Hazara zusammen einen Raum zu bewohnen, einem Volk, das ebenso wie das der Paschtunen im Herzen Afghanistans beheimatet ist. Der Ärger war vorprogrammiert. Streit ist auch ohne gemeinsame Sprache möglich. Da reichen Blicke und böse Taten. Zum Glück verstand man die Schimpfwörter der Gegenseite nicht immer – was sich später ändern sollte, als man sich auf deutsche Beleidigungen einigte.

Mit den Afrikanern glückte die Verständigung noch am einfachsten, weil viele von ihnen ganz gut oder zumindest ein paar Brocken die Sprache ihrer ehemaligen Kolonialmächte beherrschten. So kam man immerhin bei ihnen mit Englisch und Französisch ein bisschen weiter. Wobei die Illusionen gerade bei ihnen groß waren.

Denn Ghebrai aus Eritrea, Ebrima und Lamin aus Gambia und auch Mohsen, der in seinem Heimatland Iran etliche Jahre Englischunterricht hatte, fragten deutsche Passanten ungeniert auf Englisch nach dem Weg zum Bahnhof, zur Bank oder zum Landratsamt. Alle gingen sie selbstverständlich davon aus, dass sie sich in Deutschland problemlos mit Englisch verständigen könnten. Schließlich ist Deutschland ein Land mit einer hohen Kultur und einer hervorragenden Bildung. Was für ein Irrtum!

Ghebrai, schon seit vier Jahren in Deutschland, ist immer noch fest davon überzeugt, dass die Deutschen auf Englisch antworten **könnten**, aber nicht wollen. Mohsen aus dem Iran musste mehrere Anläufe machen, nachdem er mit einem überfüllten Bus von der österreichischen Grenze in eine große deutsche Stadt gekarrt worden war, bevor er auf seine englisch gestellte Frage hin erfuhr, dass er in München gelandet war. Von hier aus fuhr er weiter nach Frankfurt, weil er dort die Adresse von Landsleuten hatte. Auch hier wollte niemand seine englischen Fragen beantworten, bis endlich ein junger Mann auf den Zettel schaute, auf Deutsch etwas erklärte, was Mohsen nicht verstand, schließlich sein Handy zückte, eine deutsch-persische Übersetzungs-App aufrief, etwas eintippte und Mohsen die persische Übersetzung zu lesen gab: „Folge mir!"

Ebrima und Lamin, die beide recht gut und verständlich Englisch sprechen, versuchten verzweifelt, sich zu Fuß durch die Stadt vom Bahnhof zum Landratsamt durchzuschlagen und bekamen überhaupt keine Antwort auf ihre Fragen. Zum Landratsamt musste man aber unbedingt, und möglichst bevor es zumachte, damit man registriert wurde und überhaupt eine Unterkunft bekam. Die beiden wissen bis heute nicht, wie sie es geschafft haben, das Amt nach stundenlangem Herumirren zu finden. Mag sein, dass hier auch die Hautfarbe eine Rolle spielte. Aber, liebe Leserin, lieber Leser, machen Sie doch selbst einmal das Experiment: Sprechen Sie in deutschen Städten mal ein Dutzend Passanten an und fragen Sie auf Englisch nach dem Weg. Wie viele werden Ihnen auf Anhieb englisch antworten?

Doch viele der Neuankömmlinge konnten außer ihrer Muttersprache keine andere. Dolmetscher waren auch noch lange, lange nach der Ankunft der Gestrandeten ein frommer Wunschgedanke. Was also tun, wenn eine junge schwangere Frau aus Afghanistan plötzlich Schmerzen bekommt? Der Helferkreis hatte einen Notdienst eingerichtet, sogar am Wochenende. Einer derjenigen, die fast immer und fast rund um die Uhr bereitstanden, war Herbert, ein älterer deutscher Herr mit grauem Vollbart. Er war zur Stelle und brachte sie ins Krankenhaus.

Dort stellt der Arzt Fragen, die die junge Frau nicht versteht. Was sie wiederum äußert, löst lediglich fragende Blicke aus. Den Anamnese-Bogen versuchen Herbert und die junge Frau mit dem Google-Übersetzer Deutsch-Farsi auszufüllen. Da stellt der Arzt sich stur. Ohne Dolmetscher behandelt er nicht. Er hat wohl seine Gründe, denn seinem Aussehen nach hat er selbst einen Migrationshintergrund und weiß vielleicht, was dabei herauskommt, wenn man den Anamnesebogen vom Google-Translator ins Türkische übersetzen lässt:

Welche Methode verwenden Sie zur Schwangerschaftsverhütung und seit wann?
Rückübersetzung aus dem Türkischen: *Welche Methode verwenden Sie zur Empfängnisverhütung und seitdem?*
Mit wieviel Jahren hatten Sie zum ersten Mal Ihre Regelblutung?
Rückübersetzung aus dem Türkischen: *Wie viele Jahre haben Sie ihre Periode zum ersten Mal gemacht?*
Wenn Spirale, wie lange liegt sie schon?
Wenn es eine Spirale ist, wie lange hat es gedauert?
Oder – was eigentlich ja funktionieren müsste – Übersetzungen ins Englische: *Wann war Ihre letzte Regelblutung? When was her last bloody rule?*

Aber der Arzt braucht Antworten auf diese Fragen.
„Wann war die letzte Monatsblutung?" Die junge Frau kann auch die Farsi-Übersetzungen des Google-Translators nicht verstehen. Sie hatte nie in eine Schule gehen können und konnte nicht lesen und schreiben. Herbert ist mehr als hilflos. Als Mann, als Deutscher, als Fremder – wie soll er das mit Händen und Füßen oder sonstigen Körperteilen verständlich machen? Irgendwann kommt eine Frau hinzu, die zwar auch kein Farsi kann, aber eben eine Frau ist und man kann zumindest diese Frage klären.

Dann läuft in der Behelfsunterkunft der vierzehnjährige Baran Herbert über den Weg. Er war als männlicher Begleiter seiner Tante aus Kabul geflohen, bei der er gelebt hatte, nachdem seine

Eltern bei einem „Unglück" ums Leben gekommen waren. Sie hatten die Füße unter die Arme genommen, als die Tante, eine Englischlehrerin, Briefe von den Taliban bekommen hatte, die sie als Kollaborateurin der Amerikaner beschimpften und sie mit dem Tode bedrohten, sollte sie ihren Englischunterricht nicht umgehend einstellen. Baran hatte in der Schule und mit seiner Ersatzmutter tatsächlich ganz gut Englisch gelernt. Von nun an ist der Vierzehnjährige Dolmetscher. Bei der nächsten Schwangeren, die Herbert in die Frauenklinik fahren muss, wird Baran nachträglich dazu gerufen. Irgendjemand bringt ihn zum Bahnhof unserer Stadt und bläut ihm ein, wie die Haltestelle heißt: Universitätsklinikum.

Und der halbwüchsige Afghane, der in seinem ganzen Leben noch nie Zug gefahren ist, fährt mutterseelenallein in die große Stadt, mit Menschen um sich herum, die fremdartig sind und deren Sprache er nicht versteht, den festen Blick auf die Anzeigetafel der Haltestellennamen gerichtet. Herbert steht derweil am Bahnsteig, ganz hinten, damit er den ganzen Zug inspizieren kann, bereit loszurennen und wild zu gestikulieren, damit der Junge ihn sieht und rechtzeitig aussteigt. Denn was passiert, wenn Baran die Haltestelle verpasst und am Bahnhof landet, in all dem Gewirr von Menschen und Gleisen, unverständlichen Schildern und Lautsprecheransagen, das will Herbert sich gar nicht ausmalen. Der Junge würde nie wieder nach Hause finden in Herberts Fantasie. Doch Baran hat sich das Wort gemerkt: Universitätsklinikum. Die lateinischen Buchstaben kann er ja im Gegensatz zu neunzig Prozent seiner Landsleute auch lesen. Er steigt aus, noch bevor Herbert sich bemerkbar machen kann. Geschafft!

Von nun an hieß es fast täglich: „Wo ist Baran?"

Wenn jemand einen Asylantrag ausfüllen musste, wenn jemand etwas mit dem Sozialarbeiter oder den freiwilligen Helfern klären musste, wenn es Streitigkeiten mit den Afrikanern gab, wenn man einkaufen musste und nicht wusste, wie die Lebensmittel heißen – immer hieß es „Wo ist Baran?"

So ging das natürlich nicht weiter. Die Leute mussten Deutsch lernen. Kein Weg führte daran vorbei.

Auch wenn es laut der UNESCO die siebtschwierigste Sprache der Welt ist. Wobei es die arabisch sprechenden Geflüchteten keineswegs tröstete, wenn man sie darauf hinwies, dass ihre Muttersprache immerhin als drittschwierigste bei der UNESCO aufgeführt wird. Auch sie hatten keine andere Wahl als sich mit deutschen Grammatikregeln ohne jegliche Logik und der endlosen Zahl an noch unlogischeren Ausnahmen herumzuplagen. Sollten die Flüchtlinge doch froh sein, dass sie nicht in China gelandet waren, wo nach einhelliger Meinung der Sprachwissenschaftler die schwierigste Sprache der Welt gesprochen wird.

Enthusiastinnen

Es wäre aber unfair, alles nur auf die schreckliche deutsche Sprache zu schieben. Da waren Doris und Gisela, Barbara und Gertrud, die wild entschlossen waren, der Sprachlosigkeit etwas entgegenzusetzen. Zwei Teams boten in der Behelfsunterkunft jeweils zweimal in der Woche „Deutsch für alle" an. Mit Herzblut und Verstand bereiteten sie sich vor, suchten verzweifelt nach geeigneten Unterrichtsmaterialien, überlegten sich, wie man Sprache lehrt, wenn es keine gemeinsame Sprache gibt. Doch die Veranstaltungen wurden bald nur noch die Chaos-Kurse genannt.

Obwohl die allerwenigsten die Aushänge verstanden, die auf die Deutschkurse hinwiesen, verbreitete sich die Nachricht wie ein Lauffeuer unter den 350 Geflüchteten: Es würden Leute kommen, die einem Deutsch beibrachten. Und Deutsch sprechen **können** – das wollten sie alle. Und zwar so rasch wie möglich. So war der Raum, in den etwa dreißig Personen passten, in der ersten Stunde auch gleich voll. Ganze Familien kamen. Vater und Mutter mit Kind und Kegel. Alleinstehende junge Männer. Halbwüchsige ohne die Eltern. Frauen ohne die Ehemänner, aber mit der gesamten Kinderschar. Eine Frau brachte im Wäschekorb ihr gerade Neugeborenes mit. Wo hätte sie es auch lassen sollen? Ein afghanischer Mann passt nicht auf einen Säugling auf.

In der zweiten Stunde kamen einige nicht mehr. Dafür aber andere. Es hieß zurück auf null. Die Frau mit dem Säugling im Wäschekorb war wieder da. Das Kind schrie und wollte sich nicht beruhigen lassen. Also musste doch der Mann geholt werden, der das Kind widerwillig übernahm. Auch die anderen kleineren Kinder quengelten. Das nächste Mal brachten die Lehrerinnen Ausmalbögen und Farbstifte mit. Sie trafen auf Kinder mit vier oder fünf oder sieben Jahren, die noch nie ein Blatt Papier bemalt hatten, die nicht wussten, dass man Buntstifte nicht auf den Boden wirft, sondern dass man sie aufräumen kann. Auch ihre Mütter wussten das nicht. Was Barbara, Malerin und gerade pensionierte Lehrerin für Deutsch und Kunstunterricht fast das Herz brach. Und bei ihr die Kronleuchter der Erkenntnis aufflammen ließ: Was haben wir in Deutschland für ein fantastisches Vorschulsystem! Was für ein Segen ist es, wenn Kinder mit drei Jahren oder noch früher lernen, Regeln einzuhalten, im Umgang miteinander und im Umgang mit Gegenständen, die nicht kaputt gehen sollen. Was für ein Schaden, wenn so etwas fehlt, wie in vielen der ärmsten Länder der Welt. Und was für eine Schande, wenn ausgerechnet diejenigen chronisch unterbezahlt sind, die bei uns solche Basisarbeit leisten. Es ging also nicht mehr nur um Sprachvermittlung. So gut es ging holten Barbara, Gertrud, Gisela und Doris nach, was in den Herkunftsländern versäumt worden war.

Doch dafür mussten sie improvisieren. Eine im Team musste Kinderbetreuung machen. Was sich im Nachhinein vielleicht als die dankbarste Rolle erwies. Denn die Kinder sogen die fremde Sprache in sich auf. Sie hörten Wörter und vergaßen sie nicht mehr. Man musste ihnen auch keine Grammatik erklären. Es reichte bei den meisten Kleinen, sie ab und an zu korrigieren. Etliche sprachen nach einiger Zeit so gut Deutsch, dass sie die deutsche Schule besuchen konnten.

Sie kamen nicht mehr in die Kurse, stürmten trotzdem manchmal herein, um dem Vater über die Schulter zu schauen, zu lesen, was er da zusammengeschrieben hatte, ihn auszulachen und ihn dann altklug zu belehren: „Es heißt ‚*Ich bin in der Schule*‘, und nicht ‚*in die Schule*‘, Papa.“ Was die Position des Patriarchen in der Familie nicht gerade stärkte. Doch viele dieser Kinder würden ihren Weg gehen. Sie waren in der Lage, selbst eine solch krude Sprache wie das Deutsche zu erlernen – das war schnell klar.

Nicht so die Erwachsenen. Es stellte sich heraus, dass die Vermittlung des lateinischen Alphabets bei einem Drittel der Schüler scheiterte, weil sie niemals eine Schule von innen gesehen hatten. Will man einem erwachsenen Analphabeten, ganz gleichgültig welcher Nationalität, das Lesen und Schreiben beibringen, dann dauert das – je nach Motivation und Begabung des Schülers – ein bis zwei Jahre. Wie sollte man da einen Unterricht gestalten?

Man versuchte es mit Rollenspielen oder Kärtchen-legen. Die Deutsch-für-alle-Lehrerinnen brachten Gegenstände und Lebensmittel in den Unterricht mit. Viele der vorhandenen Lehrmaterialien warfen sie sehr schnell in die Ecke. Sie waren fünf Lernstufen zu hoch angesetzt. Mit Fantasie und Vergnügen konstruierten sie Alltags- und Sprechsituationen, in denen ihre Schüler leicht begriffen, worum es ging, um ihnen ein paar deutsche Phrasen zu vermitteln.

Und schon stießen sie – wie wir alle – auf die Gemeinheiten der deutschen Sprache.

Auf Wiedersehen, ein Allerweltswort, das in den meisten Sprachen mit zwei bis drei Silben auskommt (*goodbye, au revoir, wada'an* [وداعا Arabisch]), benötigt im Deutschen fünf davon. Man übt es, indem man den Takt klopft: *Auf-Wie-der-se-hen*, und es die ganze Schülerschar im Takt wiederholen lässt: *Aff-wi-da-se-en*.

Entschuldigung. Ebenfalls ein Wort der ersten Stunden in Deutschland. Kurz und simpel heißt es *sorry* auf Englisch, *pardon* auf Französisch und auf Arabisch *asif* [آسف]. Auch dieses Wort lehrt man am besten im Takt und im Chor und lässt es alle miteinander so oft wie möglich wiederholen: *En-schol-di-gong*. Sonst findet es keinen Eingang ins Vokabular der Lernenden.

Wer Lehrmaterial wie das Heftchen „Deutschkurs für Asylbewerber" hat, konzipiert für die allerersten Gehversuche in der deutschen Sprache, stößt schon in der ersten Lektion auf weitere Probleme.
Wie geht es dir?
Wie heißt du?
ie oder *ei*? Wie wird was gesprochen?

Wozu ist bei *ie* das *e* da, wenn man es gar nicht spricht?

Und warum spricht man *ei* wie *ai*?

Ich kenne Geflüchtete, die kurz vor dem Abschluss ihrer Berufsausbildung stehen und solche WhatsApp-Botschaften schreiben: *„Leibe Birgit, morgen komme ich leiber nicht, weil wir schrieben übermorgen eine Klassenarbiet und ich muss noch veil lernen."*

Man übt die Phrasen und ist schon ganz froh, wenn es wenigstens mündlich klappt. Und mit der Zeit korrigiert man auch nicht mehr, wenn die Schüler konsequent sagen: *Wie geht dir?* *Mir geht gut.* Das allgegenwärtige und nebulöse Wörtchen *es*, wozu soll das gut sein? Man kann genauso gut sagen: *Regnet. Ist kalt. Hat mir gefallen. War einmal ein Mann, der hatte sieben Söhne …*

Woher kommst du? *Wo wohnst du?* Das sind schon die nächsten Phrasen, die sie lernen und lesen sollen. Man kann nur hoffen, dass man in der Klasse keinen oberschlauen syrischen Literaturstudenten hat wie ich in einem meiner Anfängerkurse. Denn Monaf wollte schon in der ersten Stunde wissen, wie man das *h* in *wohnst* ausspricht. Man hört es nicht, erklärte ich ihm. Worauf er fragte: „Und warum steht es dann da? Und warum hört man es bei *Wie heißt du?* Und hört man es dann im Wort *woher* auch nicht?" Dann steht man erst mal da und ist geplättet.

Doch mit den meisten Flüchtlingen aus dem arabischen und persisch-afghanischen und ostafrikanischen Raum muss man erst mal üben, die lateinischen Schriftzeichen zu lesen. Also hängt in fast jedem Klassenzimmer das Alphabet. Und dann macht der

Deutschlehrer den verhängnisvollen Fehler, dieses den Schülern beizubringen: A Be Ce De E eF Ge ...
Wer könnte es einem irakischen Schneider verübeln, wenn er dann liest *eM I eR – Ge E Ha Te – E eS – Ge U Te*, obwohl er den Satz *Mir geht es gut* schon ganz passabel nachsprechen konnte.

Wie fühlt es sich an, wenn ich eine Sprache lernen muss, deren Schrift ich nicht kenne, in der kein Wort auch annähernd so klingt wie das Pendant meiner Muttersprache? Barbara wollte es wissen. Sie lernte das persische Alphabet und die Zahlen in Farsi und bewies ihr Wissen in der nächsten Unterrichtsstunde. Sehr zum Vergnügen der anwesenden Afghanen, die laut lachend applaudierten. So ganz hatte sie die Farsi-Laute wohl doch nicht getroffen.

Es wurde überhaupt viel gelacht zu Beginn dieser Kurse. Die Motivation war groß auf allen Seiten. Wie gesagt: Jeder wollte Deutsch sprechen **können**. Doch der Frust war unvermeidbar. Die Flüchtlinge mussten sich erst mal zurechtfinden, durchatmen, sich bewusst werden, dass sie überlebt hatten. Fragen standen im Vordergrund: Wo bekommt man etwas zu essen? Wo findet man in dem überbordenden Angebot der Supermärkte die Nahrungsmittel, die man kannte und von denen man wusste, wie man sie zubereitet? Wie funktioniert das Sozialsystem, das einem fürs Erste die finanziellen Mittel gab, um zu überleben? Was wollen die deutschen Behörden und Sozialarbeiter? Was sind das alles für Formulare, die man nicht verstand, ohne die man aber keine Bleibe und kein Geld fürs Essen bekam?

Bereits in der dritten Stunde kamen in die Kurse wieder einige nicht, die zweimal da waren. Dafür einer, der beim ersten Mal dabei war und drei Neulinge, die Doris und Gisela, Barbara und

Gertrud noch nie gesehen hatten. Zwei Leute kamen zur Halbzeit der Deutschstunde und einer, als die fast schon vorbei war. Die verzweifelten Versuche der ehrenamtlichen Deutschlehrerinnen, den Schülern etwas über Datum und Uhrzeit zu verklickern, stieß auf verständnislose Blicke. In manchen Herkunftsländern, vor allen in bildungsfernen, ländlichen Gegenden, gibt es keine Kultur der Termine und Zeitangaben. Die deutsche Pünktlichkeit – mehr als ein Fremdwort: Eine Absonderlichkeit, eine fremde Sache von einem anderen Stern! In diesen Ländern gelten die einfachen Formeln: Es kommt darauf an, noch zu kommen, bevor der andere geht. Wer sich treffen will, muss flexibel sein und braucht Geduld.

Eine Geduld, die wiederum Deutsche unmöglich aufbringen können. Jeder von uns – aber auch wirklich jeder – saß irgendwann einmal in einem leeren Unterrichtsraum. Jeder hat gewartet und auf die Uhr geschaut und sich nach zwanzig Minuten gesagt: „Jetzt reicht's. Ich gehe."

Und jeder hat erlebt, dass gerade dann noch ein paar angewackelt kamen, die ja unbedingt Deutsch sprechen können wollten und hoch und heilig versprachen, das nächste Mal „pünktlich zu sein", was immer das für sie bedeutete. Wenn man dann bereits so sauer war, dass man wirklich keine Lust mehr hatte, war das auch okay.

So ist das Leben eben. Sie haben es nie anders kennengelernt, schon gar nicht bei Leuten, die Autoritäten darstellten, von denen sie etwas wollten. Wenn ein Lehrer, eine Beamtin, ein Arzt oder sonst eine wichtige Person nicht will, dann kann man nichts machen. Da muss man sich fügen und hoffen, dass es vielleicht beim nächsten Mal klappt.

Fast jeder von uns hat seine Schüler mal gefragt: „Buba, wo warst du denn das letzte Mal? Warum bist du nicht gekommen?" Und jeder kennt die Antworten: „Ich musste zum Amt", „Ich war beim Einkaufen" oder bei sonstigen nicht termingebundenen Tätigkeiten. Oder mit aufgerissenen afrikanischen Augen und empörter Stimme: „Es hat doch geregnet."

Frau F. und ihre Freundin Frau Dr. K. gingen einfach in die Sammelunterkunft unserer Stadt, in der überwiegend junge, allein reisende Männer untergebracht waren. Sie gingen energischen Schritts durch die Gänge, klopften an die Türen und fragten mit fester Stimme: „Wer will Deutsch lernen? Who wants to learn German? Qui veut apprendre l'allemand?" Und natürlich: Auch die Jungs wollten alle Deutsch sprechen **können**. Die beiden gesetzten älteren Damen sammelten die Leute ein, holten sie jedes Mal wieder ab und gingen gemeinsam mit einer Truppe schwarzer junger Männer aus Nigeria, Togo oder Gambia durch die halbe Stadt zur Caritas, wo Unterrichtsräume zur Verfügung gestellt wurden. Und es funktionierte erstaunlich gut. Die Kurse waren recht stabil, bis andere Probleme auftauchten. Man muss die Leute dort abholen, wo sie gerade sind, so heißt es doch.

Als die beiden dann jedoch sicher waren, dass jeder, wirklich jeder in der Lerngruppe nun den Weg zum Unterricht finden und Wochentag und Uhrzeit intus haben müsste, stellten sie das Abholen ein. Noch lange gehörten ihre Kurse zu den stabilsten. Sicher auch, weil Frau F. ein Glücksfall für Flüchtlinge war, die sich mit Lesen und Schreiben schwertaten oder es nie gelernt hatten. Denn die pensionierte Grundschullehrerin hat in unserer Stadt bestimmt mehr als tausend Kindern das Lesen und das Schreiben beigebracht, auf spielerische Art, mit Singen und Klatschen und Gruppenspielen, die absolut ankamen bei den jungen

Afrikanern. Doch einmal saßen auch Frau F. und Frau Dr. K. alleine da. Und waren sauer. Konsequenz: Das gemeinsame Brötchenbacken in der Vorweihnachtszeit fällt flach, zur Strafe. Bei deutschen Kindern hätte das gewirkt. Nicht so bei afrikanischen jungen Männern. Den Verlust dieser Tradition empfanden sie nicht als Sanktion. Die Lehrerinnen hätten drohen müssen: „Die Schlachtung der Ziege entfällt". Das hätte Bestürzung ausgelöst.

Doch wer nicht auf den Kopf gefallen war, der merkte schnell, wie wichtig den Deutschen ihre Pünktlichkeit ist. Lieber zehn Minuten zu früh, als auch nur eine halbe zu spät, wollte man finstere Minen vermeiden. Erscheinungen der Überanpassung waren unausweichlich. Manchmal luden Cordula und Andreas Leute zu sich nach Hause auf einen Kaffee ein. Deutsch lernen durch natürliche Konversation stand auf dem Programm. „Ihr kommt so etwa um drei", war die Vorgabe. Um 14.40 Uhr standen die beiden eingeladenen Georgier vor der Tür, klingelten nicht, schauten ständig auf die Uhr und warteten. Punkt 15.00 Uhr betätigten sie die Türglocke. Um dann exakt nach neunzig Minuten aufzustehen, fast mitten in einem angeregten Gespräch, um sich zu verabschieden. In ihrer Unsicherheit über deutsche Gepflogenheiten hatten sie gegoogelt, wie lange man bei einem Gastgeber bleibt, wenn man zum Kaffee eingeladen wird. Die gefundene Antwort war eineinhalb Stunden.

Das Verbzweit

Zum großen Glück ließ man uns Freiwillige nicht allein mit unserem Martyrium. Nach und nach keimten die Angebote an Deutschkursen bei verschiedenen Institutionen auf, die bezahlte Lehrer einstellen konnten; so bei der Volkshochschule, bei Bildungswerken der Kirchen und privaten Sprachschulen. Vor allem bei den Privaten schossen die Kurse irgendwann wie Pilze aus dem Boden. Schließlich gab es Kohle vom Bund, und zwar nicht wenig.

Doch mal ganz ehrlich: Die Professionellen hatten dieselben Probleme wie wir Ehrenamtler. Ungeeignete Lehrmaterialien, keine Konzepte, ja geradezu Planlosigkeit, was den Unterricht für multinationale Gruppen mit Menschen von unterschiedlichstem Bildungsniveau und verschiedensten kulturellen Hintergründen anging. Niemand hatte damit Erfahrung, und viele der gelernten Lehrerinnen und Lehrer hatten nie etwas gehört von „Deutsch als Fremdsprache", kurz DaF. Was einem, wie ich aus Studienzeiten wusste, doch zumindest partiell einen neuen Blick auf die eigene Muttersprache ermöglicht. Selbst wer eine Schnellbleiche in DaF bekommen hatte, steht – wie ich selbst auch immer wieder – staunend vor den Phänomenen dieser Sprache, die einem so selbstverständlich über die Lippen kommt. „Es gibt keine andere Sprache, die so schludrig und systemlos und gleichzeitig so schlüpfrig und schwer zu fassen ist", schrieb Mark Twain in seinem Essay mit der Überschrift „The Awful German Language". „Man treibt völlig hilflos in ihr umher, hierhin und dahin; und wenn man schließlich glaubt, man hätte eine Regel erwischt, die festen Boden böte, auf dem man inmitten der allgemeinen Unruhe und Raserei der zehn Wortarten ausruhen könne, blättert man um und liest: ‚Der Schüler beachte sorgfältig folgende *Ausnahmen*‘."

Falls Ihnen diese Beschreibung von Mark Twain übertrieben vorkommt, weil Sie es ganz natürlich finden, ein halbwegs korrektes Deutsch zu sprechen, dann werde ich Ihnen jetzt ein Beispiel geben. Die Haare werden Ihnen zu Berge stehen. Und Sie werden froh sein, dass Sie nicht Deutsch lernen müssen. Sie werden den Hut ziehen vor jeder Ausländerin, die es geschafft hat, diese Sprache so weit zu lernen, dass sie sich im Alltag zurechtfindet. Sie werden erkennen, welche Herkulesarbeit die Deutsch-als-Fremdsprache-Lehrer in all den letzten Jahrzehnten auf sich genommen haben, als sie den ersten italienischen Gastarbeitern halfen, mit Deutsch in der Arbeitswelt zurechtzukommen, wie dann auch den Ortegas, Nikolaidis', den Kovačićs und Novaks, den Spätaussiedlern aus Russland, den Flüchtlingen des Jugoslawienkriegs. Sie werden verstehen, welche Marter Lernende **und Lehrende** mit dieser Sprache auf sich nehmen müssen.

Schon bei den ersten sprachlichen Gehversuchen werden die armen Menschen mit Migrationshintergrund mit Absonderlichkeiten der deutschen Grammatik konfrontiert. In einem Lehrbuch für Vorkurse, das einen „behutsamen Einstieg in die deutsche Sprache" ermöglichen soll, bekommen sie die Aufgabe, folgende Sätze zu ordnen:

kocht – gut – mein Mann.

Bahira aus Syrien schaut mich mit großen, ratlosen Augen an. Sie versteht wohl, dass sie hier irgendetwas ändern soll. Aber was? Im Arabischen ist dieser Satz vollkommen korrekt. Sätze, bei denen zuerst das Verb kommt, also *kochen*, und danach erst das Subjekt, also *mein Mann*, sind das Normalste der Welt.

Und vor allem: Wenn sie diesen Satz ihrem ehrenamtlichen deutschen Helfer sagt, den sie ab und zu zum Essen einlädt, dann nickt der heftig und zustimmend und hat keinerlei Probleme, diese Aussage zu verstehen. Was, um alles in der Welt, soll hier falsch sein?

Meine Frau – immer – Reis – kocht.

Hier bekommt Ferhat aus der autonomen Region Kurdistan im Irak es absolut nicht auf die Reihe. Was soll da falsch sein? Er runzelt die Stirn und ist fast ärgerlich. Wenn im Kurdischen am Satzanfang der- oder diejenige steht, der etwas tut (grammatikalisch „Subjekt" genannt), dann ist das absolut in Ordnung. In diesem Fall ist es *meine Frau.* Dann kommt das Objekt oder die Person, mit der etwas passiert. Hier der *Reis.* Und am Ende steht im Kurdischen grammatikalisch einwandfrei dann das Verb, also *kocht.*

Ferhat hat wie Bahira bisher nicht die Erfahrung gemacht, dass ihn irgendjemand nicht verstanden hätte, auch wenn es immer ein paar klugscheißerische Germanisten oder Journalistinnen oder Deutschlehrer gab, die meinten, sie müssten ihn korrigieren.

Ich nun stehe da, als klugscheißerische Journalistin, im Ehrenamt Deutschlehrerin, mit Staatsexamen in Germanistik, und versuche zu erklären, wie die deutsche Syntax, also der Satzbau, funktioniert. Das Deutsche hat nämlich das sogenannte „Verbzweit". Einfach ausgedrückt: Das Verb, im Satzbau auch Prädikat genannt, ist immer das zweite Satzglied. Alles andere kann man wild durcheinander würfeln:
Wir *besuchten* ihn gestern.
Gestern *besuchten* wir ihn.
Ihn *besuchten* wir gestern.

Aber es wäre nicht Deutsch, wenn es wirklich so einfach wäre. Denn schon im Perfekt haben wir ein mehrteiliges Prädikat: *haben besucht.* Und schon wird es kompliziert. Denn dann steht

der eine Teil wieder an zweiter Stelle, aber das eigentliche Tunwort, ohne das man den ganzen Satz nicht versteht, hinten am
Schluss:

Wir *haben* ihn gestern *besucht.*

Gestern *haben* wir ihn *besucht.*

Ihn *haben* wir gestern *besucht.*

Man kann auch nicht einfach sagen: Das Verb ist immer das
zweite Wort im Satz. Denn es gibt massenhaft solche Konstrukte:

Am späten gestrigen Abend besuchten wir unsere Freunde.

Wieder und wieder gingen sie an den Fluss.

Ich könnte Ihnen das erklären. Aber ich werde es tunlichst bleiben lassen. Warum sollte ich Ihnen eine verquere grammatikalische Regel erklären, die außer im Deutschen (und ein paar kleineren germanischen Sprachen) nur im nordindischen Kashmiri,
im austronesischen Taiof und in Sisiqa, gesprochen auf einer der
Salomon-Inseln, vorkommt? Das sogenannte „Verbzweit hat
einen absoluten Minderheitsstatus unter den Sprachen der Welt
und muss deshalb die meisten Ausländer sehr irritieren", so Dieter Wunderlich in seinem Buch „Sprachen der Welt". Und ich
plädiere daher für seine Abschaffung.

Das Ganze ist ohnehin eine Farce. Denn im Nebensatz, den Abbas Khider, der Autor von „Deutsch für alle", schon vollkommen
zu Recht als einen „der schrecklichsten Auswüchse aller Sprachen
weltweit" bezeichnet hat, steht das Verb nicht an der zweiten
Stelle der Satzglieder. Das Prädikat mit allen seinen Teilen muss
am Schluss des Nebensatzes stehen, ganz egal wie lang der ist und
ob Sprecher und Hörer am Ende des Nebensatzes überhaupt
noch wissen, worum es eigentlich geht. Der einzige Flüchtling,
den ich kennengelernt habe, der diesen „schrecklichen Auswüch-

sen" etwas abgewinnen konnte, war Halim, ein junger palästinensischer Syrer, der demnächst das deutsche Abitur macht: „Man lernt, sehr genau zuzuhören, bis ans Ende des Satzes. Und man versteht, warum wir zwei Ohren und nur einen Mund haben."

Zum Glück werden die Deutschlernenden noch nicht im Anfängerkurs mit diesen Konstruktionen gequält. Aber schon auf Stufe 2 bekommen sie solche Aufgaben:

„Ergänzen Sie *den, das* oder *die* in den Relativsätzen."
Petra hat eine Arbeit, _____ sie langweilig findet.
Sie hat einen Chef, _____ sie nicht mag.
Sie sitzt in einem Büro, _____ sie nicht schön findet.
Ich habe noch niemals einen Geflüchteten erlebt, der auf sogenanntem A2-Niveau in Nebensätzen gesprochen hätte. Sie sagen: *Petra hat eine blöde Arbeit, und sie findet sie langweilig. Sie hat einen doofen Chef. Sie mag ihn gar nicht. Und ihr Büro ist auch nicht schön. Das hat sie mir gesagt.* Wo wäre da ein Problem, wenn Nichtmuttersprachler sich so ausdrücken würden?

Zu Ihrem Verständnis, werte Leser und Leserinnen: Nach dem „Gemeinsamen Europäischen Referenzrahmen" für das Sprachniveau einer Fremdsprache, die man erlernen möchte, werden diese Niveaus in sechs Stufen eingeteilt. C2 – das ist die höchste Stufe, das sind die Champions. Mit C2 kann man nach offizieller Lesart praktisch alles, was man liest oder hört, mühelos verstehen, sich spontan, flüssig und genau ausdrücken und auch bei komplexeren Sachverhalten feinere Bedeutungsnuancen formulieren. Man kann damit normalerweise problemlos an einer deutschen Hochschule studieren – außer natürlich Philosophie. A1 dagegen – das sind die „absolute beginners", was die deutsche

Sprache betrifft. Da geht es dann erst mal darum, dass man auf Nachfrage seinen Namen und seine Adresse nennen und sagen kann, woher man kommt. Zwischen A1 und C2 gibt es noch A2, B1, B2 und C1.

Zurück zu den oben aufgeführten Relativsätzen. Wenn Ausländerinnen und Ausländer solche Sätze lesen müssen, dann geraten sie voll in den grammatikalischen Dschungel der deutschen Sprache. Sie können sich – vielleicht mit Ausnahme von Halim – nicht mehr orientieren. Weil sie die Satzaussage im Nebensatz nicht finden und ihn damit nicht verstehen. Wie bereits beschrieben steht das Prädikat nämlich da, wo keiner es aufgrund der eigenen Muttersprache oder der Kenntnis von Fremdsprachen wie Englisch, Französisch oder Arabisch vermuten würde – am Ende. Außer dem Deutschen (und anderen kleineren germanischen Sprachen) macht so gut wie keine Sprache überhaupt einen Unterschied bei der Wortstellung im Haupt- und Nebensatz.

Nur im Deutschen sind solche Sätze möglich: *„Ich bin der Meinung, dass alle grammatikalischen Regeln der deutschen Sprache, die völlig undurchschaubar, willkürlich, unmöglich zu erlernen und völlig ungeeignet für die Integration von Einwanderern* **sind**, *umgehend und nachhaltig zum Wohle der allgemeinen Völkerverständigung* **abgeschafft werden sollten.** *“*

Deshalb bin ich für die komplette Abschaffung des Verbzweits, nicht nur im Nebensatz, wo dieses Alleinstellungsmerkmal der deutschen Sprache ohnehin nicht gilt, nein – auch im Hauptsatz. Weil ich dann Ferhat und Bahira nicht mehr quälen muss. Weil ich endlich effizient meiner Aufgabe nachkommen könnte, Menschen zu integrieren, die wir dringend brauchen, um die Vergreisung der deutschen Gesellschaft zu verhindern. Und schließlich, weil wir in der Sprachgemeinschaft der großen Sprachen dieser Welt – Chinesisch, Englisch, Französisch, Arabisch, Russisch, Spanisch und Portugiesisch, Hindi und Swahili – dann nicht mehr so überheblich blöde und ausgegrenzt dastehen würden.

Das Verbzweit wird abgeschafft und durch die Regel ersetzt: Jede Wortstellung ist möglich, solange 85 Prozent der Deutschen den Satz verstehen. Wenn zu viele ihn nicht verstehen, darf der Ausländer so lange verschiedene Varianten ausprobieren, bis die Mehrheit der Deutschen ihn versteht. Das gilt auch für den Nebensatz.

Ein Nürnberger Trichter

Doch zurück zu den professionellen Deutschkursen für Geflüchtete. Der große Vorteil gegenüber unseren ersten „Erste-Hilfe-Deutsch-Kursen" war: Man teilte die Leute ein, je nach ihren Voraussetzungen, und es gab endlich Kurse für verschiedene Stufen: Alphabetisierung, Vorkurs, Grundkurs, Fortgeschrittene. Bei uns saßen anfangs der algerische Arzt mit seinem perfekten Französisch und der gambische Journalist, der außer fehlerfreiem Englisch noch drei der sieben Volkssprachen seines Landes beherrschte, mit Menschen im Klassenraum, die niemals eine Fremdsprache gelernt und teilweise ohne jegliche Schulerfahrung waren.

Was sehr schnell dazu geführt hatte, dass die einen nicht mehr mitkamen und die anderen sich langweilten und ungeduldig wurden und beide Vertreter dieser Extreme nicht mehr zum Unterricht kamen. Die Gruppen bröckelten zunehmend auseinander.

Dabei hatten es die Lehrer dieser offiziellen Kurse auch nicht immer leicht. Auch ihnen gebührt Dank und Hochachtung. Denn trotz der Aufteilung in unterschiedliche Niveaus – die Kenntnisse und Leistungen klafften immer noch meilenweit auseinander. Die bezahlten Lehrer und Lehrerinnen waren gottfroh, dass wir Freiwilligen für die Schwächeren oft Nachhilfeunterricht parallel zu den offiziellen Deutschkursen anboten.

Es gibt riesige Unterschiede zwischen einem Analphabeten, der noch nie irgendeine Schrift gelernt hat, einem, der den Koran abschreiben musste und einem, der kyrillische Schriftzeichen lesen, schreiben und aussprechen kann und eben noch das lateinische Alphabet lernen muss.

Auch in einem Grundkurs wird sehr schnell klar, wie weit die Bildungssysteme dieser Welt auseinanderklaffen. Da ist der Syrer aus dem zerbombten Aleppo. Er hat – wie 93 Prozent aller Kinder in seinem Land bis 2011 – die Schule besucht, neun Jahre lang, wie es die Schulpflicht vorgeschrieben hatte, mit sehr großer Wahrscheinlichkeit in einer der öffentlichen Schulen, für die man nichts bezahlen musste und die heute fast alle zerbombt sind. Vielleicht konnte er sogar wie viele Syrer eine weiterführende berufliche Schule besuchen und hat etwas Englisch gelernt.

Der Afghane neben ihm kommt aus einem Land, in dem nur 35 Prozent der Erwachsenen alphabetisiert sind. Dort schicken nahezu die Hälfte der Eltern ihre Kinder nicht zur Schule, weil im Bürgerkrieg zerstörte Schulgebäude immer noch nicht aufgebaut worden sind, weil der Schulweg angesichts der ständigen Bombendrohungen nicht sicher ist, weil sie die Schulbücher nicht bezahlen können oder weil die Kinderhände dringend bei der Arbeit gebraucht werden, was für zwei Millionen Kinder in Afghanistan Alltag ist.

Die Frau aus Nigeria gehört zu der Hälfte der Menschen in ihrem Land, die lesen und schreiben gelernt hat, was für eine Frau schon ein besonderer Glücksfall ist. Sie scheint aus einer wohlhabenden Familie zu kommen, die es sich leisten konnte, eine Privatschule zu bezahlen. Denn Kinder lernen in Nigeria nicht viel in den gebührenfreien öffentlichen Schulen. Diese sind in einem derart katastrophalen Zustand, dass der Bildungsminister den Präsidenten des Landes einmal aufgefordert hat, den Notstand im Bildungswesen auszurufen. Klassenräume ohne eingebaute Fenster und Türen, ohne Tische, Stühle, Tafeln oder sonstige Einrichtungsgegenstände, in denen fünfzig Schüler auf dem Boden sitzen und einem Lehrer zuhören. Manchmal auch unter freiem Himmel, weil es an Klassenräumen fehlt.

Der Iraker aus Mossul, mit einer guten beruflichen Ausbildung als Elektriker, der als Christ vom IS unter Todesdrohungen aus der Stadt gejagt worden war, lebte einst in einem Land, das einmal als regionaler Leuchtturm der Alphabetisierung und Akademisierung gefeiert wurde. Noch 2017 waren 86 Prozent der Erwachsenen alphabetisiert. Seither sinkt der Anteil kontinuierlich, weil durch den Krieg keine flächendeckende Grundbildung mehr gewährleistet werden kann.

Der junge Mann aus Gambia spricht eigentlich ein halbwegs verständliches afrikanisches Englisch und war immerhin sechs Jahre auf die Englische Schule gegangen. Ein englisches Wort zu lesen oder zu schreiben ist ihm jedoch nicht möglich. Die Didaktik seines Lehrers bestand darin, die Sätze aus dem Schulbuch an die Tafel zu schreiben, sie laut vorzulesen und das Ganze von der fünfzigköpfigen Schülerschar im Chor wiederholen zu lassen. So kann der Gambier zwar das ganze Schulbuch auswendig aufsagen, aber einen Satz, der darin nicht vorkommt, ist wie eine Reise in ein fremdes Land.

Ich finde es höchst bedenklich, dass es in einem reichen Land wie Deutschland ein Wort wie „Lehrermangel" gibt, und dass die Digitalisierung der Schulen nicht vorankommt. Dass es immer noch Schulklassen mit weit mehr als 20 Schüler gibt, obwohl eine Studie des Deutschen Instituts für Wirtschaftsforschung Folgendes ergeben hat: Jeder Schüler weniger in einer Klasse führt dazu, dass im Fach Deutsch die Schüler so viel mehr lernen, wie sie es sonst in einer Woche tun. Zugleich befürchte ich aber, dass die meisten Kinder und jungen Leute in unserem Land kaum ahnen, was für einen gewaltigen Dusel sie haben, in diesem Land mit diesem Bildungssystem geboren oder aufgewachsen zu sein.

Da saßen sie nun, die Schülerinnen und Schüler aus allen möglichen und unmöglichen Bildungssystemen dieser Welt, hochmotiviert und froh, endlich die Chance zu bekommen, etwas zu lernen, am liebsten gleich einen Beruf. Aber davor stand die deutsche Sprache. Das würden sie packen, da waren sich fast alle sicher. Sie würden lernen und ackern und in kürzester Zeit alles verstehen, was diese Menschen um sie herum von sich gaben. Der Frust war vorprogrammiert.

Hasan aus Afghanistan kam einmal nach dem Nachhilfeunterricht zu mir und beschwerte sich mit vorwurfsvoller Stimme, in einem Deutsch, das vielleicht nur ich verstand, mit sinngemäß folgenden Worten: „Jetzt bin ich vier Monate schon hier. Ich bin zu Barbara und Gertrud in den Unterricht gegangen, jedes

Mal. Jetzt bin ich im Kurs der Volkshochschule. Jeden Tag gehe ich da hin. Ich komme zu dir. Und zu einem anderen Lehrer gehe ich auch manchmal. Aber Deutsch kann ich immer noch nicht." Es klang, als hätten wir Lehrer alle zusammen total versagt. Womit er ja eigentlich recht hatte, auch wenn wir nicht minder litten als unsere Schüler. Wir hätten es wissen müssen. Wir hätten sie warnen müssen.

Denn schon Mark Twain hat in dem besagten Essay festgestellt: „Meine philologischen Studien haben mich davon überzeugt, dass ein begabter Mann Englisch (…) in dreißig Stunden lernen kann, Französisch in dreißig Tagen und Deutsch in dreißig Jahren."

Wir hätten einen Nürnberger Trichter gebraucht, dieses feine Ding, das man den Schülern auf den Kopf setzt, sämtliche deutsche Vokabeln, die Deklination der Pronomen und die Konjunktion der unregelmäßigen Verben oben reinfüllt und in die Köpfe träufeln lässt. Ich hätte ihn Hasan so sehr gegönnt.

Und auch all den anderen, die sich so schwertaten und denen langsam dämmerte, worauf sie sich da eingelassen hatten mit dieser Sprache. Wir hätten gerne einen solchen Trichter gehabt, für all diejenigen, die aufgrund ihrer Lebensgeschichte komplett überfordert waren. Es waren durchaus Menschen mit Begabungen. Das meine ich mitnichten ironisch. Da war die junge afghanische Frau, die es in kürzester Zeit schaffte, sauber und korrekt jeden Buchstaben von der Tafel oder aus dem Buch abzuschreiben. Doch was sie schrieb, konnte sie weder vorlesen noch verstehen. Es war, als ob einer von uns in bester Kaligraphie chinesische Schriftzeichen abpinselt, ohne Aussprache und Bedeutung zu beherrschen.

Ousmani aus Gambia war ausgesprochen sprachbegabt und clever. Er machte am Anfang auch sehr schnell Fortschritte. In Gambia hatte er nie eine Englische Schule besuchen dürfen. In der Koranschule hatte er nur die arabischen Schriftzeichen gelernt. Sein allergrößter Traum war es, richtig lesen und schreiben zu können und einen Beruf zu erlernen. Er legte eine Ausdauer an den Tag, die manchem Werkrealschüler an deutschen Schulen zur Ehre gereicht hätte. Er konnte bald jeden Text – auch noch so komplizierte – vorlesen. Mit einer super Aussprache, bei der selbst die Umlaute zu verstehen waren, die für die meisten Ausländer der reine Horror sind. Der einzige große Vorteil des Deutschen ist, dass – wenn man mal die Ausspracheregeln gelernt hat und beherrscht – man alles so liest wie es geschrieben wird und nicht wie im Englischen bei jedem Wort lernen muss, ob man das *u* als *a* ausspricht (*just*), oder als *ju* (*tube*) oder als ein Art *ö* (*burn*). Aber nach dem Grundkurs verstand Ousmani nicht mehr, was er da so perfekt vorlas.

Da muss man als Lehrer erst mal dahinterkommen, denn irgendwie gingen alle davon aus, dass er bei einer solchen Aussprache die Wörter und ihren Sinn kennen musste.

Abdulhadi, ein junger Mann aus Afghanistan, war ebenfalls ein solches Genie. Er sprach nach, was er hörte. Alltagsdeutsch für den Eigengebrauch, wenn auch Süddeutsch dialektgefärbt, war bald kein Problem mehr für ihn. Doch die Schrift blieb für ihn immer ein Rätsel mit sieben Siegeln. Wenn er mühsam die ersten beiden Buchstaben eines Wortes entziffert hatte, ergänzte er, was ihm gerade in den Sinn kam. So wurde aus *Tor* die *Tomate* und aus der *Familie* ein *Fahrrad*. Immer wenn er merkte, dass ein Lehrer die Geduld verlor, erzählte er die Geschichte von dem Taliban, der ihm auf den Kopf gehauen hatte.

Unsere Geduld wurde durchaus strapaziert, wenn die Leute aus Höflichkeitsgründen so taten, als würden sie alles verstehen. Oder wenn ein Mann aus Pakistan perfekt den Satz beherrscht „Ich habe alles verstanden" – bis man merkt, dass er außer diesem Satz kein einziges deutsches Wort beherrscht.

Viele der Afrikaner, die bei uns im Ort untergebracht worden waren, kamen aus Gambia, dem kleinsten afrikanischen Land des Kontinents, einem der ärmsten, bis 2017 beherrscht von einem bizarren und brutalen Diktator und dem höchsten Anteil an Flüchtlingen im Verhältnis zur Gesamtbevölkerung des Landes. Zwei davon waren Soulayman und Musa. Sie gehörten zu der Truppe, die regelmäßig von der ehemaligen Grundschullehrerin Frau F. im Asylbewerberheim eingesammelt worden waren, um sie zu den Unterrichtsräumen zu lotsen. Sie waren ihre treusten Schüler und gaben sich die allergrößte Mühe. Soulayman war ein kräftiger junger Mann, der kaum etwas sagte, auch in seiner Muttersprache nicht. Seine Hände aber brachten Lyrik hervor, wenn er eine Trommel zu fassen bekam. Er beherrschte mehr als zwanzig Trommelrhythmen, die er virtuos kombinierte. Doch er konnte sich kein deutsches Wort merken. Musa war ein hübscher, schlanker und freundlicher Mann, den jeder gleich mochte. Er konnte häkeln und versorgte das ganze Asylbewerberheim mit gehäkelten Mützen und Kappen, die spätestens im Winter bei allen heiß begehrt waren. Doch von sich selbst sagte er: „Kopf von Musa dumm", weil auch er fast alles wieder vergaß.

„Sie können sich nicht konzentrieren und sich nichts merken", stellte Frau F. einmal bekümmert fest. „Und ich denke, es ist nicht allein der Grund, dass sie nie oder nur kurz eine Schule besucht haben. Da stecken andere Lernschwächen dahinter."

Ich denke an die Kinder mit den roten Haaren in Gambia. Nicht das Rot oder Rotblond der Kinder in Mitteleuropa und Skandinavien. Es war ein Schwarzrot, das ich in Gambia im Hinterland oft gesehen hatte. Und meine Freundin Sona mit ihrem großen Herzen, die mich auf diese Reise nach Westafrika mitgenommen hatte, erklärte mir erschüttert: „Es ist Mangelernährung. Sie entwickeln sich körperlich und geistig nicht so wie gesunde Kinder. Das Schlimmste: Die Gehirnentwicklung bleibt zurück." Vierzig Prozent aller Kinder in Gambia leiden an Mangelernährung. Sona brachte Moringa-Pflanzen in das Dorf, das sie unterstützte, um Abhilfe zu schaffen. Moringa gilt als eines der nährstoffreichsten Gewächse der Welt.

Ich frage mich, ob Soulayman und Musa auch einmal rote Haare hatten ...

Wir hätten einen Nürnberger Trichter für sie gebraucht. Anders hatten sie nun mal keine Chance. Erst recht nicht mit dieser Sprache. Zum Glück waren diese Menschen in der Minderheit. Die große Mehrheit hielt sich wacker. Da gab es diejenigen, die sich mit ihren mühevoll erarbeiteten Deutschkenntnissen im Alltag ebenso zurechtfanden wie manche Russlanddeutschen oder Türken und einen ungelernten Job annehmen konnten. Es gab die Zähen, die Kämpfer, die Hochmotivierten, die nicht den langen, lebensgefährlichen Weg nach Europa auf sich genommen hatten, um vor dieser Sprache zu kapitulieren. Mohsen, der Iraner, völlig erschöpft und untergebracht in der gnadenlos überfüllten Erstaufnahmeeinrichtung in Karlsruhe, in der er anfangs in einem kalten September im Garten auf dem Boden schlafen musste, beschaffte sich so schnell wie möglich ein Prepaid-Handy. Denn WLAN gab es nicht. Auf YouTube lernte er so oft es ging mit dem Online-Deutschkurs AlmaniBe-

Farsi des Iraners Ashkan seine ersten deutschen Wörter und Sätze. So mancher dieser Hochmotivierten schaffte es, eine Berufsausbildung zu beginnen. Darunter auch viele, die – hätten sie daheim dieselben Chancen und Möglichkeiten gehabt wie junge Leute hierzulande – nicht in unseren Deutschkursen, sondern an einer Universität gelandet wären und Ingenieurinnen, Ärzte, Rechtsanwältinnen, Wissenschaftler oder Lehrer geworden wären.

Trockene Tränen

Vielleicht auch Schriftstellerinnen und Schauspieler, wie Martin bei zwei oder dreien mutmaßte. Martin hatte in seinem aktiven Berufsleben kleinen Kindern das Lesen, Schreiben und Rechnen beigebracht. Seine Passion aber war die Schauspielerei und das Theater. Er war Theaterpädagoge und trat selbst mit Ein-Mann-Theaterstücken auf. Deutsch beibringen auf die klassisch-langweilige Art, das war nicht seine Sache. Spielerisch sollte es sein, mit einer Theater-AG. Und er begeisterte zunächst mit dieser Idee eine ganze Reihe von Geflüchteten.

Zunächst – denn es stellte sich bald heraus, dass in Pakistan, in Somalia, in Nigeria, in Afghanistan und im Iran so etwas wie eine Theater-AG völlig unbekannt war. Die Teilnehmer mussten erst mal begreifen, dass da ein fiktives Geschehen zugrunde liegt. Eine Geschichte, die jemand erfunden hat oder noch erfinden muss und auf die man sich dann verständigen sollte. Hier hakte es schon bei einigen. Dann mussten Rollen besetzt werden. Nicht jeder, der mimisches Talent hatte, konnte sich den Text merken. Mancher, der den Text tatsächlich auswendig lernte, hatte eine so katastrophale Aussprache, dass man es vergessen konnte, weil kein deutscher Mensch ihn verstehen würde. Und ein dritter, der es halbwegs hinbrachte, befand nach der zweiten Probe, dass dies alles Firlefanz war und erschien nicht mehr.

Doch Martin blieb dran. Es war ein heroischer Akt, den er vollbrachte: Am vierten Advent vor Weihnachten führte die Theater-AG ein Programm auf, vor hundert Geflüchteten und zweihundert deutschen Zuschauern. Im Freien vor dem Flüchtlingsheim. Lamin, ein Gambier, achtzehn Jahre alt, hatte ein Stück geschrieben. Und sie führten es tatsächlich auf.

Wie in einem ordentlichen Theaterstück hatten sie Rollen festgelegt:
· Flüchtlinge in einer Notlage;
· ein potenzieller Helfer, der aber zweifelt, ob er eingreifen soll;
· ein junger, leichtfertiger Typ mit Skateboard und Kopfhörer;
· ein weiser Mann (selbstverständlich ein Schwarzer Weiser);
Da das Stück auf Englisch aufgeführt wurde, gab es auch einen Übersetzer: Saikou, ein sprachbegabter Junge, der für gambische Verhältnisse schon zuhause eine gute Schulausbildung genossen hatte und bereits recht gut und verständlich Deutsch sprach.

Und das Stück hatte selbstverständlich einen Titel:

Dry tears – Trockene Tränen

In der Kurzfassung ging es etwa so:
Flüchtlinge in Not:
Warum sind wir so alleine? Wir fühlen uns einsam und hilflos.
Zweifelnder potenzieller Helfer (er spricht zu sich selbst und fragt das Publikum):

Soll ich ihnen helfen? Müsste ich meine Hilfe anbieten, wenn jemand in Not ist? Muss ich da wirklich helfen?
Der leichtfertige Typ:
Nein, lass sie. Geh nicht mal näher hin, bevor sie ihre Probleme nicht selbst in den Griff bekommen haben. Leute, die Probleme haben, müssen sich selbst darum kümmern.
Der weise Schwarze:
Oh, mein Bruder, du machst einen großen Fehler. Sein ganzes Volk benötigt Liebe und Unterstützung. Du solltest lieben und dich kümmern, sodass wir alle zusammen die menschlichen Probleme bewältigen können.
Und der weise Schwarze spricht zum Publikum:
Alle sprechen davon, wie wichtig der Frieden ist. Aber man spricht nicht darüber, dass es ohne gleiche Rechte und Gerechtigkeit keinen Frieden geben kann.
Wir alle müssen versuchen in Harmonie zu leben und jeden, ganz gleich woher er ist, zu lieben wie uns selbst. Respektieren wir andere Religionen. Denn es gibt nur einen GOTT, und wir ALLE sind sein Volk. Nur in Frieden UND Gerechtigkeit werden wir überleben.

Dann hielt Omar eine Ansprache. Man verstand nur die Hälfte. Seine Aussprache ließ zu wünschen übrig. Sie werden später noch verstehen, dass man dies einem Geflüchteten keineswegs ankreiden darf. Denn die Zungen- und Lippenakrobatik der deutschen Sprache mit ihren Umlauten und Konsonantenhäufungen hat es in sich. Aber die andere Hälfte der Rede war wirklich sehr ergreifend. Er dankte im Namen der vielen Flüchtlinge ganz Deutschland und seiner Kanzlerin, dass man sie aufgenommen hatte. Er dankte dem Sozialarbeiter und den vielen freiwilligen Helfern für ihre Unterstützung. Und vor allem dankte er dem Hausmeister, der ihnen immer wieder die Ohren langzog und ihnen unerbittlich Sauberkeit, Disziplin und Rücksichtnahme auf die Mitbewohner abverlangte.

Ich war so stolz. Schließlich hatte ich Lamin und Omar, den beiden Hauptakteuren des Abends, die ersten Wörter Deutsch beigebracht. Sie konnten zwar nach wie vor keinen Akkusativ von einem Dativ unterscheiden, aber das merkte keiner.

Dann wurde „We shall overcome" gesungen. Und zum Glück nahmen Soulayman und ein paar andere Afrikaner die Djembés, die westafrikanischen Bechertrommeln, in die Hand und schwangen sich mit spielerischer Leichtigkeit auf ihre vielschichtigen Rhythmen ein. Rhythmen mit Cross-Beats und Pattern, die jeder der Trommler wie in einem Kanon versetzt schlägt, eine Kunst, die jedem Pauken- und Beckenspieler eines deutschen Fanfarenzugs den kalten Schweiß auf die Stirn getrieben hätte.

Zum Glück deshalb, weil sonst die ernsthafte Gefahr bestanden hätte, dass die ganze Veranstaltung den Bach runter gegangen wäre. In Afrika werden ganze Feste abgesagt, wenn die Musiker krank oder verhindert sind. Und es musste getanzt werden, es ging nicht anders. In vielen afrikanischen Sprachen gibt es keine eigene Begrifflichkeit für Tonkunst. Musik und Tanz sind ein und dasselbe Wort.

Bis tief in die Nacht hinein wirbelten afrikanische Trommeln am Europa-Platz die deutsche Weihnacht ein. Viele der Geflüchteten trugen die gehäkelten Mützen von Musa und zogen sie weit über die Ohren. Die Nacht war kalt, und – da in der Mehrheit Muslime – konnten sie sich nicht wie wir Deutschen am Glühwein wärmen.

Lückentexte

Es war also durchaus Potenzial da, bei vielen Menschen, die zu uns gekommen waren. Doch um es zu entfalten, führte kein Weg daran vorbei, die „schludrige" und „systemlose" und gleichzeitig „so schlüpfrig und schwer zu erfassende" deutsche Sprache zu lernen. Und das war hart. Selbst für die Besten war es ein Kraftakt ohne Ende. **Das Leben ist zu kurz, um Deutsch zu lernen!**

Und es wird so bleiben, wenn man diese Sprache nicht gründlich reformiert – weit über die Verbesserungsvorschläge von Mark Twain und Abbas Khider hinaus. Weitere Generationen von Einwanderern, die wir in Handwerk, Gastronomie und Hotellerie, in der Alten- und Krankenpflege dringend brauchen, um den Fachkräftemangel wenigstens zu lindern, werden verzweifeln. Wenn sich in der Welt herumspricht, welch hanebüchene Sprache wir sprechen, so ist zu befürchten, dass es sich mancher anders überlegt.

Der Handlungsbedarf ist also dringend. Ich plädiere deshalb dafür, dass – wie schon beim Verbzweit – die Grundregel der deutschen Grammatik sein muss: **Wenn man's versteht, ist es richtig.** Schon etwa ein halbes Jahrhundert vor unserer Zeitrechnung wusste Konfuzius: „Die ganze Kunst der Sprache besteht darin, verstanden zu werden." Und wir Deutschlehrerinnen und -lehrer müssten die Lernenden nicht mehr mit einer endlosen Flut von Lückentexten quälen.

Lückentexte. Irgendwie haben es die Autoren von Deutschlehrbüchern mit den Lückentexten. Von Anbeginn an müssen Deutsch lernende Ausländer und Ausländerinnen Lückentexte ausfüllen.

„Meine oder mein?"

Das ist_____ Mann.

Das ist_____ Kind.

Das ist_____ Tochter.

Das sind_____ Kinder.

Vielleicht schafft es der eine oder andere sogar in dieser Unterrichtsstunde, das richtig auszufüllen, weil die Regel an der Tafel steht. Spätestens in der nächsten Stunde haben sie alles wieder vergessen, und der Deutschlehrer ist gottfroh, wenn die Schüler *dein* und *mein, euer* und *unser* unterscheiden können. Denn für das tägliche Leben in Deutschland ist es vollkommen unerheblich, ob sie sagen: *Das ist meine Mann. Das ist deine Kind. Das ist die Mama von ihre Freundin.* Fatal wäre es dagegen, wenn sie *unser Geld* und *euer Geld* oder *meine Frau* und *deine Frau* verwechseln würden.

Jegliche grammatikalische Unwegsamkeit wird mit Lückentexten abgefragt:

„Nominativ, Akkusativ oder Dativ? Ergänzen Sie die Possessivartikel."

Haben Sie_____ Pass?

Haben Sie _____ Antragsformular, _____ Mietvertrag und_____ Gehaltsabrechnung?

Und die Pässe von_____ Eltern?

Hier sind die Kopien von_____ Pässen.

Ich habe – mit Ausnahme von einem – keinen einzigen Flüchtling kennengelernt, der die Aufgabe verstanden hätte. Sie hatten ja schon die Wortungetüme wie *Antragsformular* oder *Gehaltsabrechnung* nicht verstanden und die Wörter *Pass, Pässe, Pässen* nicht zusammenbringen konnten und wussten letztendlich nicht, wie *the passport, il passaporto, Паспорт (Pasport)*, جواز سفر *(jawaz safar)* auf Deutsch denn nun eigentlich richtig heißt.

Eine besonders fiese Grausamkeit der deutschen Sprache sind Präpositionen. Alleine, für sich genommen, sind sie ergreifend schlicht: *aus, in, von, bei.* Doch der Schein trügt, wie so vieles in der deutschen Grammatik. Denn nun kommt der Lückentext, den zum Beispiel Gibran aus Syrien nur mit Hilfe von Florian korrekt ausfüllen kann. Auf Bildern sind Szenen zu sehen. Dazu die Texte:

Hier kommt jemand _____.

„Von *der* Arzt?", schlägt Gibran vor.

„*Vom* Arzt", korrigiert Florian.

Hier kommen die Leute _____.

„Aus *die* Kirche." Gibran ist sich sicher, dass er richtig liegt. Schließlich ist *die* Kirche weiblich.

„Aus *der* Kirche", korrigiert Florian.

Hier nimmt jemand die Post _____.

„Aus *der*??? Briefkasten." Gibran ist vorsichtig geworden.

„Aus *dem* Briefkasten", korrigiert Florian.

„Und warum das so ist?", will Gibran frustriert wissen.

„Ich glaube, es hat irgendetwas mit dem Akkusativ und dem Dativ zu tun. Ist es nicht so, dass zu den unterschiedlichen Präpositionen eben auch unterschiedliche Fälle gehören?", fragt Florian sich selbst. An irgendetwas Ähnliches meint er sich noch erinnern zu können.

Gibran hakt nach: „Also, zu bestimmte Präposition gehört immer eine Akkusativ und zu andere eine Dativ?"

„Ich glaube schon." Florian ist sich nicht sicher.

„Eine Traumreise buchen" heißt das Kapitel im Lehrbuch, das sie gerade durchnehmen. Hier kommen unter anderem die sehr schönen und schnörkellosen Präpositionen *an, auf* und *in* vor.

„Schau mal, Florian, ich soll sagen, welcher Urlaubstyp bin ich. Will ich Abenteuer, will ich Erholung, will ich Kultur. Ich soll sagen, wo ich hinwill. Und dann heißt es hier ‚lokale Präpositionen'. Schau mal."

Florian schaut ins Lehrbuch und kommt ins Schwitzen.

an	am Atlantik	an den Atlantik
	am Meer	ans Meer
	an der Küste	an die Küste
auf	auf dem Land	aufs Land
	auf der Insel	auf die Insel
in	im Gebirge	ins Gebirge
	in den Bergen	in die Berge

„Einmal soll ich Akkusativ nehmen und einmal Dativ", klärt der Geflüchtete den Flüchtlingshelfer auf. „Aber warum? Und was ist Unterschied zwischen Akkusativ und Dativ?"

Florian hat gerade das deutsche Abitur mit einem Schnitt von 2,1 geschafft, will ein freiwilliges soziales Jahr in einem Entwicklungsland machen, kann aber erst in drei Monaten losfahren und überbrückt die Zeit, indem er Flüchtlingen bei den Hausaufgaben hilft. Doch nun fragt er sich, worauf er sich da eingelassen hat. Vage erinnert er sich noch an den Wen- und Wem-Fall. Aber ihm ist vollkommen klar, dass das kein Weg ist, jemandem den Unterschied zu erklären, beispielsweise einem Engländer, in dessen Muttersprache die Unterscheidung gar nicht vorkommt. Florian resigniert. Verstehen Sie jetzt, warum ich behaupte, dass man an dieser Sprache scheitern muss? Als Lernender und als Lehrender.

Für einen Deutsch lernenden Flüchtling birgt das Kapitel „Eine Traumreise buchen" zudem noch ein paar emotionale Herausforderungen. Er liest da zum Beispiel den Satz: „ *Wir könnten in die Sahara fahren"*. Urlaub in der Sahara? Was für eine absurde Idee! Der Junge aus Kamerun hat die Sahara gesehen. Von einem mit dicht gedrängten Menschenkörpern völlig überfüllten LKW aus, der nicht anhielt, wenn einer mal von der Ladefläche runterfiel. Weil ihn einer gestoßen hat oder weil er übermüdet eingeschlafen war. Er hat einige gesehen, die dem Laster verzweifelt hinterherschrien in der sengenden Bruthitze, der wegen nur einer Kreatur nicht anhielt. Man musste es schließlich durch die Wüste schaffen ...

„Wir fahren an den Atlantik. Da gibt es tolle Wellen. Da kann man surfen." Abgesehen davon, dass eine Asylbewerberin das Geld nicht hat, um in den Urlaub zu fahren, und Deutschland nicht verlassen darf, weil sie danach nicht wieder reingelassen wird, erinnert sich die Frau aus Nigeria mit ihrem kleinen Kind mit Schrecken an die Wellen, als das überfüllte Schlauchboot zu kentern drohte. Sie hatte das Kind krampfhaft an sich geklammert; sie konnten beide ohnehin nicht schwimmen; sie würden zusammen ertrinken. Ein Seenotretter hatte sie aus dem Wasser gezogen. Doch seither verfolgen sie nachts die Träume von hohen Wellen und vom Ertrinken.

Bei dem Satz *„Wir fahren nach Ungarn. Ich will reiten"* kommen dem Syrer aus Aleppo, der mit Frau und drei kleinen Kindern mit dem Boot aus der Türkei und danach zu Fuß Richtung Deutschland gezogen ist, unweigerlich die Bilder von Stacheldrahtzäunen an der ungarisch-serbischen Grenze in den Sinn. Dahinter die bewaffneten Soldaten, die auf jeden der völlig erschöpften Menschen geschossen hätten, der es gewagt hätte, den Zaun zu überwinden.

Nun sollen sie Lückentexte ausfüllen:

„Was ist richtig? *in die* oder *in der*?"

Wir machen Urlaub _____ *Sahara.*

Wir fahren _____ *Sahara.*

„Was ist richtig? *am* oder *an den*?"

Wir machen Urlaub _____ *Atlantik.*

Wir fahren _____ *Atlantik.*

„Was ist richtig? *nach* oder *in die*?"

Wir fahren _____ *Türkei.*

Wir fahren _____ *Ungarn.*

Da reiten sie drauf rum, die Autoreninnen der Lehrbücher. Da werden Tests geschrieben mit Lückentexten, die darüber entscheiden, ob jemand auf Sprachniveau A2 oder B1 eingestuft wird. A2 heißt: 'Ne Berufsausbildung kannst du vergessen. Ab ins Kröpfchen. B1: Du gehörst zu den Guten, die ins Töpfchen kommen. Der Weg zur Berufsausbildung ist frei.

Was juckt es mich, ob jemand sagt *Ich gehe zum Schule* oder *zu Schule*? Welcher halbwegs gescheite deutsche Mensch würde diesen Satz nicht verstehen? Warum verlangt man von einem traumatisierten Flüchtling etwas, das nicht einmal die Madame bei Google Maps beherrscht? Zumindest auf dem Weg durch Frankreich zum Baseler Flughafen wies sie uns konsequent an: „Auf *die* B 31 bleiben." Es heißt „auf *der* B 31 bleiben", Mädchen! Zuerst dachte ich, das Programm hat einen einmaligen Fehler gemacht. Aber Programme machen keine einmaligen Fehler. „Bitte, auf *die* A 5 bleiben." „Bitte *die* A 36 weiter folgen."

Flüchtlinge dagegen sind durchaus in der Lage, einmalige Fehler zu machen. Wie zum Beispiel Bubacarr. Er hatte nie eine sogenannte Englische Schule besucht. Also eine Schule, in der die Unterrichtssprache Englisch ist, in der die lateinische Schrift, etwas Mathe und Naturkunde gelehrt werden. Bubacarr jedoch war acht Jahre in die Koranschule geschickt worden. Was er dort neben den religiösen Inhalten vor allem gelernt hatte, war arabische Schriftzeichen und Texte auswendig zu lernen, die er im Grunde nicht verstand.

Man lernt den Wortlaut, den der Lehrer laut vorsagt. Man lernt die Schrift, indem man sie von der Schultafel auf eine Schiefertafel abschreibt. Man lernt dies alles auswendig, weil es danach von der Schultafel und der Schiefertafel wieder weggewischt wird. Dann fragt der Lehrer das Ganze ab, und wenn es nicht sitzt, gibt es Hiebe. Was Bubacarr also hervorragend konnte, war das Auswendiglernen. So gelang es ihm, nachdem er nur ein oder zwei Mal die Wendung gehört hatte, die Lückentexte korrekt auszufüllen. Es heißt: *Ich gehe **zum** Bahnhof; **zur** Schule; **zum** Haus.*

Leider verstand er aber den Rest der Sätze nicht, vor allem, wenn sie einen gewissen Komplexitätsgrad überstiegen. *Auf dem Weg **zur** Schule wurde er von einem Passanten gefragt, wo er die nächste Straßenbahnhaltestelle finden könnte.* Die Passivkonstruktion *wurde gefragt*, die Satzaussage, mal wieder ganz am Ende des Satzes, wo keiner sie vermuten würde, ein siebensilbiges Wortmonstrum aus vier Einzelwörtern – das war zu viel. Aber *zum* und *zur* war richtig ausgefüllt im Lückentext.

So schaffte er mit Ach und Krach das Sprachniveau B1. Und weil er ausgesprochen fleißig, motiviert und handwerklich sogar überaus begabt war, bekam er nach einem Einstiegsqualifizierungsjahr sogar eine Lehrstelle als Bäcker. Dann kam die Katastrophe: Bubacarr musste in die Berufsschule.
Doch dazu später.

Wohnen nach Wunsch

Denn bevor man überhaupt daran denken kann, dass ein Geflüchteter Deutsch auf B1-Niveau beherrscht, muss er sich nicht nur durch die deutsche Grammatik quälen, sondern auch durch Texte und Aufgaben, die ihn ertüchtigen sollen, am deutschen Leben teilzunehmen. Er soll zum Beispiel bereits auf A1-Niveau in der Lage sein, auf eine Verkaufsanzeige zu reagieren und eventuell sogar ein Schnäppchen zu ergattern.

In Kapitel vier des Lehrbuchs, das auf diese allererste Stufe vorbereiten soll, geht es schon darum Kleinanzeigen lesen zu können: *„Schreibtisch, sehr schön, nur ein Jahr alt, 120 ,- €/..."* und eine Telefonnummer. Nun soll der Geflüchtete in der Lage sein, dort anzurufen und zu fragen, welche Farbe und welche Maße der Schreibtisch hat.

Mal abgesehen davon, dass ich noch keinen Ausländer und keine Ausländerin unter B1-Niveau kennengelernt hätte, der oder die sich tatsächlich trauen würde, am Telefon ein Gespräch mit einer ihm oder ihr unbekannten Person zu führen – es erschließt sich mir auch nicht, warum ein Flüchtling einen Schreibtisch kaufen sollte. Wenn er oder sie einen A1-Deutschkurs besucht, dann ist er oder sie wahrscheinlich noch nicht allzu lange in Deutschland und lebt in der „Vorläufigen Unterbringung". In dem Containerdörfchen am Rande unserer Stadt, in dem in Hochzeiten 350 Menschen aus aller Herren Länder untergebracht waren, teilten sich drei Personen auf vierzehn Quadratmetern ein Doppelstock- und ein Einzelbett und einen Dreier-Spind. Und die hatten noch Glück, auch wenn die Kabuffs hellhörig waren und den Charme von Lagerräumen hatten. Sie waren immerhin nicht in einer Turnhalle untergebracht, in der die einzelnen Parzellen mit

Trennwänden unterteilt sind und man jedes Husten und jeden Furz in der Nachbarparzelle mitbekommt.

Wo soll da der Schreibtisch hin?

Selbst wenn man diesen Schreibtisch dringend brauchen würde, um sich auf die B1-Prüfung der Einstiegsqualifizierung vorzubereiten, damit man eine Chance hat, einen Ausbildungsvertrag zu bekommen, wüsste man nicht wohin damit. Denn man lebt dann eventuell in einer sogenannten Anschlussunterkunft, in der sich – wenn man Pech hat – zwölf junge Männer einen einzigen großen Raum teilen müssen, in dem auch die Küche untergebracht ist. Zwölf junge Männer, die zu unterschiedlichen Zeiten – zum Teil im Schichtbetrieb – arbeiten, die jedes Mal, wenn einer zu den unterschiedlichen Tag- und Nachtzeiten aufstehen muss, sich einen Kaffee machen will und seinen Kram zusammensucht, in ihren Stockbetten aus dem Schlaf gerissen werden.

Wo soll da der Schreibtisch hin?

Oder wenn Aleeke aus Kamerun, Mutter von drei Kindern, die sich auf eine Ausbildung als Pflegehelferin vorbereiten will, in einer städtischen Sozialwohnung lebt, in der die beiden kleineren Kinder bei Mama und Papa im Schlafzimmer schlafen und die „große" Achtjährige im Wohnzimmer, wo die Eltern abends noch lange fernsehen wollen. Ein Schreibtisch wäre super, auch für die Zweitklässlerin, die bisher an einem kleinen Tisch ihre Hausaufgaben macht, auf dem die Bücher und Hefte kaum Platz haben und ständig ein Schulmäppchen, ein Radiergummi oder ein Stift auf den Boden fällt.

Nur: Es ist eben kein Platz da für einen Schreibtisch.

Wobei sich die Überlegung ohnehin erübrigt. Denn welcher Geflüchtete – ob noch im Asylverfahren, ob anerkannter Kriegsflüchtling oder Verfolgter aus einer der vielen Diktaturen dieser Welt – hat so auf die Schnelle mal 120 Euro für einen Schreibtisch übrig?

Für den Asylsuchenden, also für diejenigen, die nach Deutschland kommen und einen Antrag auf Asyl oder Schutz stellen, setzt der Gesetzgeber einen „notwendigen Bedarf" für Ernährung und Kleidung, für Fahrtkosten und Ähnliches fest. Dieser Betrag lag für Alleinstehende bisher monatlich bei 344 Euro und wurde Anfang 2021 auf 364 Euro erhöht. Lebt ein Paar zusammen, so erhalten die beiden jeweils 328 Euro. Nach 15 Monaten Aufenthalt in Deutschland steigt dieser Betrag etwas, liegt aber immer noch deutlich unter dem im Jahr 2021 gültigen Hartz-IV-Satz für Alleinstehende in Höhe von 446 Euro.

Hat jemand nach seinem Asylverfahren vom Bundesamt für Migration und Flüchtlinge tatsächlich Asyl oder einen anderen Schutzstatus bekommen, so bekommt der- oder diejenige den normalen Hartz-IV-Regelsatz von wie gesagt 446 Euro, wenn der oder die Geflüchtete keinen Job findet. Es ist also nicht mehr oder weniger als für bedürftige Deutsche, die sich wohl auch keinen Schreibtisch für 120 Euro leisten können.

Doch dann geht es weiter: Sprachniveau A2. Auch noch lange nicht ausreichend, um zum Beispiel eine Ausbildung zu beginnen. Aber das Lehrbuch bietet schon Themen an, die jedes Flüchtlingsherz höher schlagen lassen: *„Wohnen nach Wunsch"* – wer möchte das nicht. Und das betrifft sicher nicht nur Geflüchtete. Auch Rentner, Leute mit drei Minijobs oder Familien mit mehr als zwei Kindern können hier mitfühlen.

Gelernt werden soll: *„über die Wohnlage sprechen; eine Wohnung suchen; Nachbarn kennenlernen …".* Die Flüchtlinge sollen beschreiben: *„Wo wohnen Sie? Wo möchten Sie gerne wohnen?"* Ob zentral, in der Innenstadt, in einer Großstadt oder Kleinstadt, außerhalb in einem Vorort oder ruhig in einem Dorf. Ob sie viel oder wenig Kontakte mit den Nachbarn haben wollen, eine Arbeit finden oder einen Garten haben wollen. Ob sie es vorziehen mit öffentlichen Verkehrsmitteln zu fahren oder so wohnen wollen, dass sie gut ausgehen können.

Ich nehme auch diese Lektion brav mit meinen Schülern durch und werde das schlechte Gewissen einfach nicht los. Ich weiß, welch geringe Chancen sie auf dem freien Wohnungsmarkt hätten mit ihrem fremdländischen Aussehen oder ihrer schwarzen Haut – wenn sie denn eine Wahl hätten.

Haben sie aber nicht.

In welchem Bundesland und in welcher Stadt sie untergebracht werden, bestimmt der Staat. Die Unterbringung erfolgt in der Regel in sogenannten Gemeinschaftsunterkünften, was in unserer Stadt einem renovierten Kasernengebäude, einem Wohncontainer-Dörfchen für 350 Menschen und einigen renovierungsbedürftigen Altbauwohnungen entsprach. Ein Wunschkonzert fand hier nicht statt.

Immerhin gelten für solche Wohnsilos Mindeststandards. Jedem Einzelnen stehen 4,5 Quadratmeter Wohnfläche zur Verfügung. Eigentlich sogar sieben, aber die Regelung musste in den Zeiten des großen Ansturms ausgesetzt werden. Selbst die vorgeschriebenen Gemeinschaftsräume mussten mit Neuankömmlingen vollgestopft werden. So lebten die Menschen lange Zeit beengt und ohne Privatsphäre und gingen sich gegenseitig auf den Wecker.

Nach zwei Jahren in der Gemeinschaftsunterkunft müssen die Geflüchteten raus. Sie kommen – wenn sie nicht selbst eine andere Wohnmöglichkeit finden – in die sogenannte Anschlussunterbringung, die in der Regel in irgendeinem kleinen Kaff von der Gemeinde zur Verfügung gestellt werden muss. Und da gelten dann keine Mindeststandards mehr – weder was die Wohnfläche pro Person noch was den Schimmelbefall von Sanitäreinrichtungen oder die bauliche Substanz und die Wasserdurchlässigkeit von Dächern betrifft.

Obwohl lange schon klar war, dass rings um unsere Stadt mit Sammelunterkünften auch die umliegenden Dörfer und Gemeinden Flüchtlinge aufnehmen müssen, taten sich viele der Bürgermeister, Gemeinderäte und Bürger doch sehr schwer damit oder verweigerten sich zunächst ganz, sodass die wenigen zur Verfügung stehenden baufälligen Hütten mit Leuten vollgepfropft wurden. Das führte dann zum Beispiel dazu, dass die Wohncontainer aus unserer Stadt an eine kleine Gemeinde in der Nachbarschaft verkauft wurden. Denn bei uns waren das ja Gemeinschaftsunterkünfte, aus denen die Leute nach zwei Jahren rausmussten, und die sich dadurch mehr und mehr leerten. Sie wurden verfrachtet in dieselben Wohncontainer, die man der Nachbarstadt verkauft hatte. Nur dass sie nun zu viert in einen Raum für zwei Personen mit weniger als vier Quadratmeter pro Nase zusammengepfercht wurden und ein Gemeinschaftsraum nur noch ein Wunschtraum war.

Aber immerhin haben sie nun die Freiheit, sich selbst eine Wohnmöglichkeit zu suchen, auch wenn sich das in der Regel um ein Vielfaches schwieriger gestaltet als die Jobsuche. Doch Amaru aus Nigeria nützte auch das nichts. Obwohl er eine eigene Wohnung in Aussicht hatte.

Auch mit ihm hatte ich die Lektion „Wohnen nach Wunsch" durchgenommen. Er war nicht auf den Kopf gefallen, hoch motiviert und wollte unbedingt Schreiner werden. Nach einigen vergeblichen Bewerbungen fand er tatsächlich einen Handwerksbetrieb, in dem er eine Schreinerlehre beginnen konnte. Allerdings nicht bei uns in der Stadt. Auch nicht in der Region, sondern im benachbarten Landkreis.

Und damit begann sein Leidensweg.

Denn es ist nicht so, dass ein Asylbewerber einfach in die Nähe seiner Arbeitsstelle ziehen darf. Dem beugt die sogenannte Wohnsitzauflage vor. Sie verhindert ein ungezügeltes Umherziehen von Asylbewerbern von einem Landkreis, sagen wir mal Breisgau-Hochschwarzwald, in einen benachbarten wie zum Beispiel den Landkreis Emmendingen.

Amaru war mittlerweile in einer Anschlussunterkunft untergebracht, in einem schnuckeligen Weindorf, das verkehrstechnisch abgeschnitten von der Welt in einem malerischen Tal des Kaiserstuhls lag, in einem Haus, durch dessen Ritzen der Wind pfiff, das nur eine Küche als Gemeinschaftsraum hatte und in dem er sich ein vierzehn-Quadratmeter-Zimmer mit drei anderen teilen musste. Es gab keinen Platz für einen Tisch, an dem er hätte lernen können, geschweige denn für einen Schreibtisch, und ein psychisch kranker Mitbewohner vergaß ab und zu, seine Medikamente zu nehmen und schlug dann das Mobiliar kurz und klein. Doch das war es nicht allein.

Um zur Arbeit zu kommen, musste Amaru um vier Uhr in der Frühe aufstehen. Dann fuhr er in Ermangelung einer Verkehrsverbindung um diese Zeit mit dem Fahrrad zur nächstgrößeren Stadt, und das natürlich zu jeder Jahreszeit und bei jedem Wetter, und entgegen landläufigen Vorstellungen kommen auch in Südbaden Nächte mit Minusgraden vor, und Regenschauer sind nicht gänzlich ausgeschlossen. Er fuhr dann mit dem ersten Bus nach Freiburg, wo er fast eine halbe Stunde auf den Anschlusszug warten musste. Von dort ging es weiter in eine kleine Stadt im Landkreis Emmendingen. Nach erneutem Warten bekam er dann den Bus in den kleinen Teilort der kleinen Stadt und war schließlich um Viertel nach sieben am Arbeitsplatz, eine viertel Stunde nach Arbeitsbeginn, was sein Arbeitgeber zähneknirschend hinnahm. Alles in allem verbrachte Amaru so täglich ein Minimum von fünfeinhalb Stunden auf dem Weg zur Arbeit und wieder zurück. Deshalb stellte er sehr bald einen „Antrag auf Umverteilung".

Einen solchen Antrag darf man durchaus stellen. Nur wird ein solcher landauf landab von den Ausländerbehörden der Landkreise abgelehnt, um „eine Verlagerung von Sozialhilfelasten in andere Bundesländer bzw. Gemeinden (…) zu vermeiden". Auch Amarus Antrag wurde deshalb zurückgewiesen.

Der Arbeitgeber intervenierte. Die Ausländerbehörde des zuständigen Landkreises blieb bei der Ablehnung, weil Amaru keine eigene Bleibe im Landkreis habe. Der Arbeitgeber fand über eine Annonce eine Wohnung für Amaru, verkehrsgünstig gelegen für den Weg zur Arbeit. Er schaltete die Handwerkskammer ein, die sich ebenfalls beim betreffenden Landratsamt für Amaru und den Handwerksbetrieb stark machte. Es half nichts – das Landratsamt blieb stur. Eine Umverteilung kam nicht in Frage. Denn: „Bei der Entfernung zwischen Ihrem Wohnsitz (…) und Ihrer

Ausbildungsstätte (...) handelt es sich zudem um keinen unzumutbaren Arbeitsweg. Dieser kann Ihnen zweifellos mit den öffentlichen Verkehrsmitteln zugemutet werden."

Es kam, wie es kommen musste. Das Ganze zog sich über Monate hin. Amaru ging mittlerweile auf dem Zahnfleisch. Er war häufig übermüdet – ein Problem, wenn man an Sägemaschinen arbeiten muss. Seine Gesundheit litt. Zwei oder drei Mal klappte er zusammen. Erst als ein Anwalt eingeschaltet wurde, kam etwas Bewegung in die Sache, und es gab erste Anzeichen, dass das Landratsamt sich unter bestimmten Bedingungen und Auflagen erweichen lassen würde. Es brauchte dennoch weiterer Interventionen durch den Arbeitgeber und die Handwerkskammer und massiver Drohungen des Rechtsanwalts, Klage einzureichen, bis endlich eine Lösung gefunden wurde, durch die Amaru in einem Wohnheim für Azubis mit Migrationshintergrund in einer Stadt wohnen durfte, von der aus er nur dreieinhalb Stunden täglich zur Arbeit und zurück brauchte. Eine einsichtige und mitfühlende Mitarbeiterin der dortigen kommunalen Ausländerbehörde bescheinigte, dass im Falle von Amaru ein besonderer Härtefall vorlag. Der Anwalt war übrigens wirklich sehr gut. Nur als Amaru ihn bat, sein Honorar „mit Ratten" zahlen zu dürfen, wirkte er etwas verschnupft. Ich konnte Amaru nur raten, die Raten nicht mit Ratten zu zahlen.

So viel zum Thema „Wohnen nach Wunsch".

Lernbeschleuniger

Doch wie bereits gesagt – bis zum Beginn einer Ausbildung ist es ein langer, dornenreicher Weg durch das Gestrüpp deutscher

Grammatikregeln, vorbei an Wort-Monstrositäten, die links und rechts des Weges lauern.

Zum Glück gibt es Lernbeschleuniger.

Als Lernbeschleuniger kann alles dienen, was dazu beiträgt, Wörter oder ganze Sätze schnell und nachhaltig zu lernen. Dazu ein paar Beispiele: Das erste Wort, das Amaru in Deutschland am ersten Tag in der Erstaufnahme lernte, war *Feuerzeug*. Weil er das dringende Bedürfnis nach einer Zigarette hatte. Das zweite Wort war *Streichhölzchen*. Das schaffte es allerdings nur in seinen passiven Wortschatz, weil niemand verstand, wenn er nach *Sreiholsa* verlangte. Beim Wort *Feuerzeug* wurde auch mal ein *Streichholzschächtelchen* gezückt. Ein hundsgemeiner Security-Mitarbeiter verlangte einmal, dass Amaru dieses Wort korrekt nachsprach, bevor er ihm Feuer gab. Doch in der Regel erfüllte *Feuerzeug* seinen Zweck. Er hat es nie wieder vergessen.

Mahmud aus dem palästinensischen Flüchtlingsstadtteil von Damaskus Muḥayyam al-Yarmūk ist im Rahmen eines Familiennachzugs nach Deutschland gekommen. Sein Bruder hat ihn vom Flughafen abgeholt und ihm auf dem Weg zu seinem Heim die ersten deutschen Wörter beigebracht: *Straßenbahn, Autobahn* und *Bahnhof.* „Siehst du, Mahmud, jetzt hast du in einer Stunde schon drei deutsche Wörter gelernt. Jetzt kannst du Deutsch. So einfach ist das." So leichtfertig hat dieser Bruder Illusionen geschürt. Die allerdings schnell verrauchten. Mahmud ist schon etwas älter, und heute weiß er von sich: „Ich lerne langsam und vergesse schnell." Aber *Straßenbahn, Autobahn* und *Bahnhof* – das sitzt.

Auch das Wort *Lea* ist schnell gelernt. Denn das ist anfangs das neue Zuhause. Es klingt eigentlich recht freundlich, wie ein hübscher Mädchenname. Und die Geflüchteten müssten froh sein, dass es die Abkürzung LEA gibt. Denn das ganze Wort – Landeserstaufnahmeeinrichtung – würde man denn gefragt, wo man wohnt, hätte bei den Geflüchteten mit Sicherheit phonologische und semantische Geistesstörungen hervorgerufen.

LEA kann man aussprechen, und bald wussten auch die meisten, wofür es steht: Für Doppelstockbetten in überfüllten Schlafräumen, die man nicht abschließen kann. Für das Zusammenleben von Alleinstehenden und Familien auf engstem Raum. Für permanente Ruhestörungen bei Tag und bei Nacht in den hellhörigen Containern oder Turnhallen mit Stellwänden. Für das Fehlen jeglicher Privatsphäre und das Däumchen-Drehen und endlose Warten, dass etwas geschieht, weil man nicht arbeiten darf und keine Anhörung bekommt. Es geht ihnen oft nicht gut in den LEAs, aber fairerweise muss man auch sagen, dass sie ein Teil des „Wir schaffen das" waren. Ohne LEA kein Dach über dem Kopf, keine medizinische Versorgung, keine Küche und kein Bad.

Hausmeister – auch das ein Wort, das man schnell lernt. Der Hausmeister zeigt einem, wo man sein Bett und seinen Spind hat und wo man die Wäsche waschen kann und wo man kocht. Er sagt den Leuten, wann und wo geputzt werden muss. Er zieht einem die Ohren lang, wenn man sein Zeug einfach in der Gegend rumliegen lässt oder wenn in der Küche Lebensmittel vor sich hingammeln. Der Hausmeister kann sogar selbst zum Lernbeschleuniger werden. Zum Beispiel in Sachen Aussprache. Zum Beispiel bei Rahman.

Der Afghane ist einer, der sich nützlich machen muss – das ist seine Wesensart. Er ging dem Hausmeister immer wieder mal gerne zur Hand. Nur einmal fehlte er, als er dringend gebraucht wurde.

„Wo warst du denn, Rahman? Hab nach dir gesucht."

„Ich war in Muschi."

„Wo warst du?" Dem Gesicht des Hausmeisters kann Rahman entnehmen, dass etwas nicht stimmt.

„Ich war in Stadt in Muschi. Bei Imam. Zum Beten."

„Moscheeeeee, Rahman. Es heißt Moschee."

Die Lektion saß, nachdem der Hausmeister vorsichtig aufklärte. Rahman hat das Wort nie wieder falsch ausgesprochen – eine echte Lernbeschleunigung also.

Missverständnisse und Peinlichkeiten sind ohnehin oft hervorragende Lernbeschleuniger. Zum Beispiel beim Gebrauch der Präpositionen: „Ich geh noch in das Klo", sagte Hasan zum Beispiel, bevor er mit den Kollegen auf die Baustelle fahren sollte. „Dann nehmen wir dich nicht mit", lachten die und klärten auf: „Es heißt *auf* das Klo."

Auch die Bedeutung von Redewendungen werden so spielend vermittelt. Rahman wunderte sich beispielsweise, als seine Kollegin einen Nachmittag frei nahm, um Holz für ihre Hütte im Schwarzwald zu besorgen. „Aber Rita, Horst und Michael sagen, du hast schon viel Holz vor der Hütte." Dass hier irgendetwas schieflief, merkte er schnell daran, dass Rita knallrot wurde, ihm fast eine gescheuert hätte und gerade noch begriff, dass Rahman wirklich nicht wusste, was er da gesagt hatte und die Übeltäter Horst und Michael hießen. Zum Glück hatte die Sache keine nachhaltigen Auswirkungen aufs Betriebsklima.

Ein Lernbeschleuniger kann auch das Ausfüllen eines Formulars sein. Rahila aus dem Irak lernte so zum Beispiel die Wörter: *ledig, verheiratet, geschieden, verwitwet.* Nur half ihr das nicht beim Ausfüllen des Bogens. Sie wusste nicht, wo ihr Mann war, ob er noch lebte oder umgekommen war. Wohin da das Kreuzchen machen?

„Wir müssen hier ein Wort dazu schreiben", meinte Gisela, die Rahila beim Deutsch lernen und bei sozialen Angelegenheiten unterstützte. So lernte Rahila das Wort *vermisst*. Jeder und jede Deutsche, deren Eltern oder Großeltern noch den Krieg miterlebt haben, kennt es. Aber auf deutschen Formularen für Flüchtlinge aus Kriegsgebieten kommt es nicht vor.

Ich selbst habe Lernbeschleunigungssituationen erlebt, die nachhaltig wirkten, nicht zuletzt auch auf mich. Denn Mohsen hatte eine iranische Party veranstaltet und unter anderem auch den frisch gebackenen Abiturienten Florian eingeladen. „Hab ich Florian gefragt: ,Wie war iranische Party?' Und er sagt: ,Echt wild.' Was meint er damit? Wie Tiere? Nur mit Instinkt? Ohne Kontrolle? Oder essen wie Tiere? Wir Iraner haben Kultur. Wir haben Respekt vor unseren Frauen. Auch bei Party!" Mohsen war wirklich aufgebracht.
„Das ist Jugendsprache, Mohsen. ,Wild' bedeutet ,richtig gut'", versuche ich zu erklären.
„Ach so!" Mohsens Gesicht hellt sich auf: „Er hat gemeint, dass die Party echt geil war."

Nun bin ich verunsichert. Kennt er den etymologischen Wandel des Wörtchens *geil*? Ich bin ein älteres Semester und hätte dieses Wort als Jugendliche niemals in den Mund genommen. Da schon eher das Wörtchen *wild*, damals in den wilden Sechzigern. Ich verzichte darauf, Mohsen aufzuklären, weil *geil* sich mittlerweile durch extensiven Sprachgebrauch so abgenützt hat, dass selbst neunzigjährige Oberstudienräte a. D. sich nicht mehr darüber aufregen.

Ich musste zudem lernen, dass es gerade die harmlosen Wörtchen sind, die es in sich haben können und die man sehr bedacht verwenden sollte. Denn als Alagie, einer meiner afrikanischen Schüler, mir nach dem Unterricht mitteilte, dass er einen gelben Brief vom Amt bekommen hatte, den er natürlich zu Hause vergessen hatte, schlug ich ihm vor, den Brief Seite für Seite abzufotografieren und mir per WhatsApp zu schicken, wie wir das öfter mal machten. In gelben Briefen stehen meist schicksalsträchtige Entscheidungen und deren Begründung, die man unbedingt verstehen sollte, was – wie Sie später noch sehen werden – für einen Flüchtling und selbst für manchen Deutschen ein Ding der Unmöglichkeit ist. Manchmal haben sie nur eine Woche Zeit, um Einspruch gegen einen solchen Bescheid einzulegen, der einem das ganze Leben versauen kann.

„Du machst mir aber bitte ein scharfes Foto", forderte ich Alagie auf – aus der Erfahrung heraus, dass ich schon manches unleserliche Bild von Briefen bekommen hatte.
„Scharfes Foto von eine Brief?" Alagie sah mich entgeistert an. Dann hellte sich sein dunkles Gesicht auf. „Meinst du ‚scharf' wie Peperoni und Chili?"
Mir dämmerte langsam, was sein Problem war. „Kein sexy Foto! So ein Unsinn. Das Foto darf einfach nicht verschwommen sein."
„Foto darf nicht schwimmen?"
Es half alles nichts. Ich musste eine zusätzliche Unterrichtseinheit anhängen, mit der Erklärung der Bedeutung von *schwimmen* und *verschwimmen* und dem Unterschied zwischen einer scharfen Speise, einer scharfen Kritik, einer scharfen Braut und der Doppeldeutigkeit eines scharfen Fotos.

Als Lernbeschleuniger fungieren auch ganze Sätze. Zum Beispiel der erste Satz, den man sich vom Google Translator übersetzen ließ:

„Hast du Arbeit für mich?" Oder solche, die man immer wieder hört, wie den wunderschönen Satz: „Wollen Sie den Kassenbon?"

Definitiv keine Lernbeschleuniger sind Sätze, die man schon in der zweiten oder dritten Deutschstunde lernen muss, die man aber nicht wirklich versteht:
Wie geht es dir?
Wie geht es Ihnen?
Wörtlich ins Englische übersetzt heißt das bekanntermaßen: *„How goes it to you?"* Oder ins Französische: *„Comment cela se passe-t-il pour vous?"* Die korrekte Übersetzung in die allermeisten anderen Sprachen dieser Welt dürfte genauso krude und verfilzt sein. Es könnte alles so simpel sein – wenn's nicht die deutsche Sprache wäre: *How are you?* (*Wie bist du?*); *Kak ty?* (Russisch: *Wie du?*); *Come va?* (Italienisch: *Wie geht?*). Wenn schon verworren und umständlich, dann sollten wir uns ein Beispiel an der afrikanischen Sprache Mandinka nehmen, in der man nach dem Befinden mit folgender poetischer Metapher fragt: *„Hoffe, Problem nicht bei dir."* oder auch *„Ist Friede bei dir?"*

Zum Glück gibt es die deutsche Jugend, die unsere Sprache weiterentwickelt, und zwar genau in die Richtung, die ich für wegweisend halte. „Was geht, Alter?" So lernen es junge Flüchtlinge, die das Glück haben, mit Gleichaltrigen zusammen zu sein – eine klare, unmissverständliche Frage. Sie müssen dann nur noch lernen, dass man zu seinem Lehrer nicht sagen darf „Was geht, Alter?" und schon gar nicht zu seiner Lehrerin „Was geht, Alte?".

Die weiblichen Formen im Deutschen haben es ohnehin in sich. Hier Fehler zu machen, kann sich durch die emotionsgeladene Korrektur der Deutschlehrerin durchaus als Lernbeschleuniger erweisen. Christa beispielsweise unterrichtete lange Jahre ein afghanisches Ehepaar. Er, ein Pascha, sah das Lernen-Müssen einer Sache, die man nicht kann, und das auch noch von einer Frau, als Zeichen männlicher Schwäche an. Entsprechend war sein Lerneifer gedämpft, und er vergaß regelmäßig sein Lehrbuch, seine Stifte oder sein Heft – oder alles zusammen. Als das dann wirklich mal geschah, platzte Christa der Kragen: „Du bist ein richtiger Schlamper, Bashir!", schimpfte sie.

Nesrin, fleißig, zuverlässig, intelligent und sprachbegabt, erfasste intuitiv die Kränkung ihres Mannes durch diese Bloßstellung und versuchte die Situation zu entschärfen, indem sie sich mit ihm zumindest auf die gleiche Stufe stellen wollte. „Ich habe auch etwas vergessen. Ich habe die Radiergummi vergessen. Ich bin auch richtige Schlampe", meinte sie beflissen.
„Du bist keine Schlampe, um Gottes willen, Nesrin!" Christa raufte sich die Haare. „Weißt du, was eine Schlampe ist? Das ist eine schlechte Frau. Eine, die mit vielen Männern ins Bett geht."
Nesrin wurde erst bleich und dann knallrot.
„Die weibliche Form von *Schlamper* ist *Schlamperin*. Und du bist noch nicht mal das. Die weibliche Form wird gebildet mit *-in*", erklärte Christa.
Die Lektion saß. Von nun an sagte Nesrin: *Der Gast – die Gastin; der Mensch – die Menschin; der Flüchtling – die Flüchtlingin; der Azubi – die Azubin.*

Situative Lernbeschleuniger

Man kann solche Lernbeschleunigungseffekte natürlich auch organisieren. Viele in der Flüchtlingshilfe haben das gemacht. In unserer Stadt hat jeden Freitag das Kochprojekt Deutsche und Flüchtlinge aus aller Welt zusammengebracht. Cordula, die das

Ganze federführend organisierte, schaffte es nicht nur, dass jeden Freitag in der kleinen Küche eines jüdischen Kulturzentrums eine andere Landsmannschaft ihre typischen Speisen kochte und sie an manchmal 20 bis 30 hungrige Münder verfütterten. Die Küche war zudem gespickt mit angehefteten Zetteln: *Das Glas* stand an der Tür eines Küchenschranks. *Die Gabel, das Messer, der Löffel* stand an einer Schublade. „Learning by listening and speaking" hieß die Devise. Nicht nur einzelne Vokabeln wurden hier so ganz nebenher und spielerisch gelernt, nein, auch ganze Sätze:

Gib mir mal den großen Topf.
Der Reis brennt gleich an.
Die Suppe ist versalzen.

Man lernte hier, dass ein Essen ohne Fleisch nicht *ficketarisch* sondern *vegetarisch* ist. Als nach 2016 die ersten beiden Türken bei uns Asyl beantragten, lernten sie, dass man Suppe nicht trinkt, sondern seltsamerweise isst. Und natürlich lernte man *„Guten Appetit".* Was zum Beispiel Burhan aus Syrien sehr zugute kam, als er in einem Restaurant als Aushilfskellner angestellt wurde. „Guten Appetit" wünschte er den Leuten, wenn er servierte, und „guten Appetit" wünschte er, wenn er das Geschirr wieder abtrug. Schließlich hatte er Manieren. Er wunderte sich nur, dass die Leute sich nie bedankten, wenn er ihnen nach beendeter Mahlzeit „guten Appetit" wünschte, und ihn manchmal sogar ganz komisch anschauten. Er vertraute sich mit seiner Verunsicherung Cordula an, die zunächst auch ratlos war und nicht verstand, warum Burhan den Leuten nach dem Essen noch einen guten Appetit wünschte. Bis sie gemeinsam darauf kamen, dass im Arabischen die Wünsche „Lassen Sie es sich schmecken" und „Wohl bekomm's", also in etwa „gute Verdauung", mit derselben Phrase ausgedrückt werden und die arabische Höflichkeit es erfordert, dass man auch nach dem Essen dem Gast eine gute Verträglichkeit der Speisen wünscht.

Situatives Lernen der deutschen Sprache, einfach so nebenbei und im Kontext mit nützlichen und existentiellen Dingen – das war auch ein Lernbeschleunigungseffekt der Fahrradwerkstatt, die von Andreas und Florian ins Leben gerufen worden war. Der Zulauf zur Fahrradwerkstatt war enorm. Denn auf einen Aufruf im Lokalblättchen hin durchforsteten die Bürger und Bürgerinnen unserer kleinen Stadt ihre Garagen und Keller und lieferten sämtliche überzähligen Fahrräder bei der Fahrradwerkstatt des Helferkreises ab: einigermaßen brauchbare, aber unmoderne Räder, einige reparaturbedürftige und auch einigen Schrott. Also konnte man dort ein Fahrrad bekommen – wenn man Glück hatte sogar eines, das mit wenigen Handgriffen wieder zum Laufen gebracht werden konnte. Und nebenher lernte man noch Vokabeln wie *Lenker, Pedal* und *Gangschaltung* und Sätze wie *„Es geht nicht"* oder *„Es ist kaputt gegangen"*, obwohl ein Fahrrad eigentlich gar nicht gehen kann und deshalb der Satz *„Ich gehe mit Fahrrad"* falsch ist.

Ein Fahrrad ist Gold wert in Gambia, egal wie alt es ist. Man kommt von A nach B über recht weite Strecken, ohne die fast unbezahlbaren öffentlichen Verkehrsmittel, und muss nicht kilometerweit über staubige Straßen zu Fuß gehen. Auch in Deutschland, wo ein eigenes Auto ein Traum in weiter Ferne ist, erleichtert ein Fahrrad das Leben ungemein. Vor allem, wenn man in einem kleinen Dorf untergebracht ist, zu dem der letzte Bus um sieben Uhr abends und am Sonntag nur zwei Mal fährt.

Ein Fahrrad ist Gold wert für eine afghanische Frau, der es in ihrer Heimat bei Strafe der Auspeitschung verboten ist, Fahrrad zu fahren. Alle afghanischen Frauen wollten Fahrradfahren lernen. Und so hörte man immer wieder den interessanten Satz: „Ich bin kein Fahrrad."

„Das sehe ich, dass du kein Fahrrad bist, Nesrin. Du meinst bestimmt, du **hast** kein Fahrrad."

Ein schönes Beispiel dafür, wie eine Flüchtlingin ganz mühelos den Unterschied zwischen *haben* und *sein* erlernt – könnte man meinen. Doch so einfach ist es nicht. Denn hier schlagen mal wieder die Tücken der schrecklichen deutschen Sprache zu und machen jede Lernbeschleunigung zunichte.

Spätestens, wenn immer wieder Sätze zu hören sind wie *„Ich bin keine Gabel"*, *„Ich bin noch kein Buch für Deutsch lernen"*, kommt der Deutschunterrichtende ins Grübeln und beginnt zu recherchieren. Und kommt zu der erstaunlichen Erkenntnis, dass es in vielen Sprachen dieser Welt kein Wort für *haben* gibt. Im Hebräischen muss *ich habe* zum Beispiel durch die indirekte Form *jesh li* – *es ist bei mir* ausgedrückt werden. Auch im Arabischen lautet die wörtliche Übersetzung von عندي (ungefähr so ausgesprochen: ändi) *es gibt bei mir.* Meine Vermutung aufgrund der Beobachtungen, dass es auch in Farsi und anderen persischen Dialekten kein direktes Äquivalent für *haben* gibt, wird von den Iranern nicht bestätigt. Es gäbe im Persischen durchaus das Verb *haben*. Vielleicht ist es auch so, dass der Sozialphilosoph und Psychoanalytiker Erich Fromm recht hat, der in seinem epochalen Werk „Haben oder Sein" zu dem Schluss kommt, dass in unserer Gesellschaft das Haben komplett überbewertet wird.

Nun kann jedem durchschnittlich begabten Ausländer beigebracht werden, dass es zwischen dem Sein – einer Eigenschaft oder einem Zustand – und dem Haben – einem Besitz – einen Unterschied gibt, auch wenn in seiner Heimat dem Besitz nicht ein ganz so großer Wert beigelegt wird wie bei uns. Irgendwann auf seinem langen Weg durch die deutsche Grammatik begegnet dem Ausländer dann das Perfekt und damit *haben* und *sein* in ihrer hinterhältigsten Verwendung.

Liebe Leser mit deutscher Muttersprache, könnten Sie auf Anhieb sagen, welche Verben man mit *haben* und welche mit *sein* ins Perfekt setzt? Er *hat* oder *ist* nach Hause gegangen? Sie *hat* oder *ist* uns besucht? Ein Flüchtling soll diese Frage schon im A1-Kurs korrekt beantworten. Aber nach welchen Regeln?

1. Bei manchen Verben wird das Perfekt mit *haben* gebildet, bei anderen wiederum mit *sein*, und bei manchen mal mit *sein* und mal mit *haben*.
2. Fast alle transitiven Verben, also Verben, die mit einem Akkusativ stehen können, bilden das Perfekt mit *haben*. Aber eben nur fast.
   Dann kommen, wie Mark Twain schon beklagte, die Ausnahmen: *angehen, loswerden* usw.
3. Alle reflexiven Verben bilden das Perfekt mit *haben*.
4. Reziproke Verben (*sich sehen, sich begegnen*) können das Perfekt sehr wohl mit *sein* bilden (*Sie sind sich begegnet*), wenn das Verb zu einer der drei folgenden Gruppen gehört:
   a. Verben, die eine Fortbewegung (Bewegung in eine Richtung, Bewegung auf ein Ziel hin) ausdrücken.
   b. Verben, die eine Veränderung ausdrücken.
   c. Andere Verben, wie *ankommen, begegnen, bleiben, eintreffen, erscheinen, explodieren* und viele, viele mehr (aber welche anderen genau?).
5. Außerdem gibt es noch solche Fälle: *Ich **habe** etwas **bekommen**; aber: Das Essen **ist** mir nicht **bekommen**. Wir **sind** aus dem Saal **getanzt**, aber: Sie **haben** drei Stunden **getanzt** ...*

6. Dann gibt es noch das Nord-Süd-Gefälle. Das bedeutet, dass man nördlich des Mains sagt: *Wir **haben** abends auf der Mole gesessen*; und südlich des Mains: *Wir **sind** abends auf der Mole gesessen.*

7. Und schließlich gibt es noch ein paar kleinere Regeln (Wetterverben haben das haben-Perfekt. *Sein* und *werden* haben das sein-Perfekt) und eben viele, viele, viele Ausnahmen.

Sie, liebe Leserin, lieber Leser, verwenden wahrscheinlich intuitiv in 99 Prozent der Fälle das richtige Hilfsverb. Wie machen Sie das? Und ein Ausländer? Soll er die ganzen Regeln auswendig lernen? Und selbst wenn er sie sich merken könnte, wie soll er sie in einer natürlichen Konversation spontan immer richtig anwenden? Selbst sprachbegabte Flüchtlinge in Sprachkursen für Fortgeschrittene geben Sätze von sich wie *Ich habe aufgewacht*; *Ich habe gekommen*; *Ich bin vergessen*, und treiben ihre Deutschlehrer in den Wahnsinn mit der Frage: „Warum falsch?"

Sie werden sich schon denken können, welche Neuregelung ich daher vorschlage: **Das Perfekt kann nach Belieben mit sein oder haben gebildet werden. Diese Regel ersetzt alle andern (siehe oben).**

Andernfalls – so muss man sich eingestehen – werden kreative Impulse wie Kochprojekte, Fahrradwerkstätten, Nähwerkstätten, Theater- und Foto-AGs und was alles sonst noch von Flüchtlingsunterstützern landauf, landab an situativen positiven Lernbeschleunigern organisiert wurde, torpediert durch die irremachenden Grammatikregeln der deutschen Sprache.

Negative situative Lernbeschleuniger kommen dagegen meist ohne tiefere grammatikalische Kenntnisse aus. Und sie müssen nicht organisiert werden. Denn jeder Flüchtling, jede Ausländerin, ja sogar jeder Deutsche, dessen Aussehen mehr oder weniger abweicht vom mitteleuropäischen Phänotypus, lernt sehr schnell bestimmte Wörter und Sätze. Zum Beispiel, wenn man jemanden freundlich nach dem Weg zum Bahnhof fragt, kann man, wenn die Leute nicht einfach wortlos weitergehen, sehr schnell und wiederholt folgende Sätze lernen:

„Wo kommst du denn her?"

„Hau ab!"

„Was willst du hier? Wieso bleibst du nicht, wo du hingehörst?"

„Wir brauchen solche wie dich hier nicht."

„Mach, dass du wieder dahin verschwindest, wo du hergekommen bist!"

Schwarzafrikaner lernen ganz schnell und mühelos Wörter wie *Affe, Neger, Busch, Bimbo.* Dies auch in ganzen Sätzen:

„Geh zurück in den Busch Bananen pflücken." (Gelernt von einem Nigerianer im Bus auf der Fahrt zur Schule.)

„Der kleine Bimbo soll das Mehl holen." (Gelernt in einer Backstube durch mehrmaliges Wiederholen des russlanddeutschen Kollegen, ohne Unterbindung durch den Bäckermeister, der empört wäre, wenn man ihn einen Rassisten nennen würde.)

„Der Affe soll doch zurück in den Urwald, wo er hingehört, und Kokosnüsse schütteln." (Gelernt von einem kamerunischen Azubi durch seinen deutschen Mitschüler in der Berufsschule.)

Lamin erlernte perfekt die Aussprache des Wortes *Sklave,* obwohl die Konsonantenkombination *skl* eine der größten phonetischen Herausforderungen für viele Ausländer darstellt. Immer wieder sagte ein Azubi in seinem Betrieb, der ein Lehrjahr unter ihm war und schlechtere Noten als er in der Berufsschule hatte: „Los, auf, komm mein Sklave."

War das als Joke gemeint? Lamins Heimatort liegt am Gambia-River, einstmals einem der wichtigsten Umschlagplätze Westafrikas für den Sklavenhandel der englischen und französischen Kolonialmächte. Wer dort jemals das Fort auf Kunta Kinteh Island besucht hat, die Verliese für die zu verschiffenden Sklaven und die in den Stein gehauenen Ringe für die Befestigung ihrer Ketten gesehen hat, kann nicht lachen. Wer einmal im Museum der Sklaverei bei Albreda die Zeichnungen gesehen hat, wie die Menschen in die Schiffsbäuche der Briggs, auf engen Massenpritschen angekettet, wie Sardinen gestapelt worden waren und weiß, dass zwischen dreißig und fünfzig Prozent der geraubten Menschen die Überfahrt in die neue Welt nicht überlebt haben, dem gefriert bei solchen „Scherzen" das Lächeln im Gesicht. Wissen Leute, die Afrikaner als Affen, Bimbos und Sklaven bezeichnen, auch nur das Geringste über die Geschichte Afrikas? Wissen sie, dass mehr als elf Millionen Menschen aus ihren Familien gerissen und eingefangen, aus ihrer Heimat verschleppt, wie Viehzeug zusammengetrieben und deportiert worden sind?

Der Sklavenhandel und das, was den Menschen angetan wurde, war wie jedes Verbrechen an der Menschlichkeit nur möglich, indem man über Jahrhunderte den Opfern die ebenbürtige Menschlichkeit abgesprochen hat, sie als primitive, animalische, instinktgetriebene und dem Vieh ähnliche Wesen betrachtet hat. Dieses Gedankengut wabert noch immer durch unsere Gehirne.

Wobei Rassismus auch gut ohne Worte funktioniert. Amaru musste beispielsweise jeden Morgen mit dem ersten Bus zur Arbeit fahren. Wenn er alleine an der Haltestelle stand, hielt der Bus nicht, sondern fuhr einfach weiter. Amaru dachte zuerst, der Fahrer hätte ihn in der Dämmerung einfach nicht gesehen. Er zog eine helle Jacke an, setzte sich ein rotes Baseball-Cap auf und stellte sich direkt unter die Straßenlaterne bei der Haltestelle. Der Busfahrer hielt nicht. Er fuhr weiter.

In einem Bus sind genau noch zwei Plätze frei, als eine Frau, müde von der Arbeit und mit schmerzenden Beinen in den Bus steigt. Der eine freie Platz ist neben einem etwas ungepflegt wirkenden jungen Mann, der sich breit auf den Sitz gefläzt hat. Der andere ist neben einem adrett gekleideten jungen Mann, der in aufrechter Haltung in einem Buch liest. Der etwas schmuddelige ist weiß, der adrett gekleidete ist Schwarz wie dunkelste Bitterschokolade. Preisfrage: Neben wen setzt sich die Frau?

Und Rassismus funktioniert auch bei Flüchtlingen, wie Theaterpädagoge Martin und Therese, seine Frau, feststellen mussten. Sie hatten organisiert, mit einigen Afghanen gemeinsam raus in die Natur zum Grillen zu fahren. Azazullah saß schon in ihrem Auto, als sie Feisal abholten. Als Feisal sah, dass Azazullah im Wagen saß, weigerte er sich, einzusteigen. „Ich sitze nicht zu Arschloch-Mann mit China-Augen."

Der erstaunte Mitteleuropäer lernt so nicht nur ein paar bislang unbekannte Vokabeln. Er erfährt auch, dass die Ethnie der Hazara, die höchstwahrscheinlich von Mongolen abstammt, die vor Jahrhunderten nach Afghanistan eingewandert waren, von den anderen Ethnien in demselben Lebensraum gemobbt und diskriminiert wird. Er lernt, dass auch an den Hazara mit den mongolisch geschnittenen Augen in den 1890er Jahren durch die Paschtunen ein Völkermord begangen worden ist und Tausende versklavt worden waren. Und das, obwohl auch sie eine persische Sprache sprechen und sich in ihrer Kultur und Lebensweise den anderen Völkern Afghanistans längst angeglichen haben. Auch während des Bürgerkriegs in den 1990er Jahren wurden die schiitischen Hazara von den sunnitischen Taliban gezielt massakriert. Und nun weigern sich zwei Menschen in Deutschland, der eine ein Paschtune, der andere ein Hazara, im Deutschunterricht und in einem Auto nebeneinander zu sitzen und beleidigen sich gegenseitig.

Die sonst so beherrschte Therese wurde richtig sauer: „Was soll das? Seid ihr noch bei Trost? Ihr seid beide aus denselben Gründen hier. Ihr habt beide unter den Anschlägen der Taliban gelitten. Ihr habt den langen und gefährlichen Fluchtweg hinter euch gebracht. Wir nehmen euch hier auf und behandeln euch fair, egal welche Ethnie irgendeiner hat, egal, welche Religion einer hat oder welche Hautfarbe. Wir behandeln alle wie Menschen. Also benehmt euch auch wie Menschen!"

Feisal blieb stur.

Nach einer Stunde am Grillplatz kam er angeradelt, grinste verlegen und setzte sich in die Runde. Der Nachmittag wurde versöhnlich, und alle hatten noch viel Spaß.

Artikel – wer braucht denn sowas?

Lernbeschleuniger können also durchaus dazu beitragen, dass die deutsche Sprache fast natürlich gelernt werden kann. Doch dies hat seine Grenzen. Vor allem dann, wenn man arbeiten oder gar eine Ausbildung machen möchte. Dann kommt schnell von allen Seiten, von den Politikern, den Sozialarbeitern und den ehrenamtlichen Unterstützern, die ultimative Aufforderung: Du musst einen Deutschkurs besuchen! Und dazu braucht man Unterrichtsmaterial.

Man kann den Autorinnen der Deutschlehrwerke keinen Vorwurf machen. Sie haben sicher ihr Bestes gegeben, was diese Sprache zulässt. Es war natürlich so, dass die Avantgarde in der Flüchtlingswelle noch mit Lehrbüchern für Deutsch als Fremdsprache konfrontiert war, die eigentlich für gebildete Europäer mit dem Wunsch, eine gute Stelle in Deutschland zu finden, geschrieben waren. Dass damit Menschen aus allen Kulturen der Welt, aus Ländern mit katastrophalen Bildungssystemen und unterschiedlichsten Muttersprachen die deutsche Sprache erlernen sollen, konnten die Autoren ja nicht wissen.

Doch dann bekamen wir Deutschlehrer und immer mehr Material in die Hand, das speziell für die Bedürfnisse der Geflüchteten entwickelt worden war. So hatten es manche, die folgten, schon etwas leichter. Denn ganz viele engagierte und didaktisch geschulte Menschen setzten sich hin und entwickelten Bücher und Lernhilfen für Menschen, die vielleicht noch nie etwas von Grammatik gehört haben, die außer der Muttersprache keine weitere Sprache kennen und deren angeborene Sprechorgane nicht dafür ausgelegt sind, zungenbrecherische Lautkombinationen auszusprechen. All diese engagierten Menschen gaben sich alle erdenkliche Mühe – und mussten doch scheitern. Und woran? Natürlich an der deutschen Sprache.

Denn schon im „Deutschkurs für Asylbewerber" müssen sie im vierten von zwölf Kapiteln den armen Ausländern beibringen, dass es im Deutschen aus unerfindlichen Gründen drei Geschlechter nicht nur bei Menschen, sondern auch bei Gegenständen gibt. Und dass bei solchen Gegenständen und Dingen der Willkür, mit der die Geschlechter und damit die Artikel verteilt wurden, Tür und Tor geöffnet ist. Als Deutschlehrerin bläut man seinen Schülern und Schülerinnen unablässig ein:

Du musst jedes neue Wort immer mit dem Artikel lernen, als wäre der ein Teil des Wortes: *derStuhl, dasGlas, dieTasse.*

Die armen Geschöpfe haben sich gerade halbwegs damit abgefunden, dass Löffel und Teller männlichen Geschlechts sind, Gabeln und Pfannen aber weiblich und ein Glas ein Neutrum ist, ebenso wie ein Kind, obwohl dieses in den meisten Fällen ein Mädchen oder ein Junge ist, also mit eindeutiger Zuordnung zu einem biologisch männlichen oder weiblichen Geschlecht. Vielleicht haben sie sogar schon gottergeben akzeptiert, dass ein eindeutig weibliches Kind, das Mädchen, im Deutschen trotzdem ein Neutrum ist. Aber dann kommt schon der nächste Hammer. Denn nun sollen sie um etwas bitten: *Kann ich bitte … haben?*

Kann ich bitte die Tasse haben?
Kann ich bitte das Glas haben?
Soweit ist alles noch in Ordnung. Aber dann kommt:
*Kann ich bitte **den** Teller haben?*
Was soll das jetzt? Warum, um alles in der Welt, kann es nicht heißen: *Kann ich bitte **der** Teller haben?*
Weil es ein Akkusativ ist. Zu meinen ersten Erfahrungen mit der Erklärung, wozu man einen Akkusativ braucht, siehe oben „Den Hund beißt der Mann …". Was sich selbst mir als Muttersprachlerin und studierte Germanistin nicht erschließt, ist der Umstand, dass die weibliche Tasse und das sächliche Glas ihren Artikel unverfälscht behalten dürfen (*dieTasse, dasGlas*), der männliche Teller aber nicht.

Mit Schaudern denkt man als Deutschlehrerin dann jetzt schon an den Dativ. Und schwups ist er auch schon da, ebenfalls im Kapitel vier des Lehrmaterials für Asylbewerber, die gerade mal ein paar Begrüßungs- und Vorstellungsformeln, die Zahlen und die Wochentage gelernt haben.

Wo ist die Tasse? Die Tasse ist in der Küche.

An der Tür meines Professors für slawische Linguistik hing ein kleines Schild mit dem bemerkenswerten Satz „Man gewöhnt sich an allem. Auch an dem Dativ."

Aber das stimmt nicht. Die allermeisten Menschen aus Afghanistan, Pakistan, Eritrea, Syrien oder Togo gewöhnen sich noch nicht einmal an die drei Geschlechter. Die allermeisten wählen einen für sie passenden Artikel aus und verwenden ihn für alles. Zumeist ist es *die*, weil sich das nahezu für alle gut aussprechen und gut mit dem Hauptwort kombinieren lässt, auch wenn das mal mit Konsonantenclustern wie *Spr* oder *Pfl* beginnt: *die Tasse, die Glas, die Pflaster, die Strand, die Mann.* Und sie werden sich auch nicht an den Dativ gewöhnen und für immer und ewig sagen *„Die Tasse ist in die Küche"*, ebenso wie *„Kann ich bitte die Mann das Buch geben?"*. Und da ich konsequent das Prinzip verfolge, dass alles erlaubt ist, solange man sich versteht, korrigiere ich das auch nicht und erspare mir zu meiner großen Erleichterung eine umständliche Erklärung des deutschen Akkusativs und Dativs, die ohnehin nicht fruchten würde. Denn den Flüchtlingen war das alles nicht geheuer und im Grunde völlig egal.

Bis auf Monaf.

Monaf hatte in Damaskus Literatur und Geisteswissenschaften studiert. Als Student war er eigentlich vom Wehrdienst befreit. Doch dann bewilligte der syrische Staatsapparat plötzlich nicht mehr die jährliche Verlängerung der Befreiung. Die Streitkräfte der Arabischen Republik Syrien benötigten Kanonenfutter im Kampf gegen die Aufständischen. Und Monaf, ohnehin kein

Fan des syrischen Militärs und seines obersten Befehlshabers Baschar al-Assad, beschloss, sich zu verdünnisieren. In Deutschland angekommen stellte er dann sofort einen Antrag auf Asyl, den das Bundesamt für Migration und Flüchtlinge mit der Begründung ablehnte, dass Monaf ja noch gar keine Verfolgung erlitten habe, die ihn zur Ausreise aus Syrien gedrängt hätte. Er sei ja nur vor dem Bürgerkrieg geflohen und nicht wegen Verfolgung aufgrund seiner Rasse, Religion, politischer Überzeugung oder Zugehörigkeit zu einer bestimmten sozialen Gruppe. Also bekommt er nur den weniger sicheren Status des Kriegsflüchtlings, der schnell auch wieder aberkannt werden kann. Monaf legte Einspruch dagegen ein, wartete auf das Urteil, lernte derweil seine ersten Brocken Deutsch und machte mir das Leben schwer. Erklärtermaßen wollte er Deutsch lernen, um sich an einer Uni in Deutschland einschreiben und promovieren zu können.

Nun saß er jedoch erst mal mit den vielen irakischen und syrischen Maurern und Schneidern, korangeschulten Gambiern, afghanischen Ziegenhirten und nicht alphabetisierten Frauen aus aller Herren Länder zusammen in meinem Grundkurs.
Er fragte mich: „Warum ändert sich bei *Küche* plötzlich das Geschlecht? *Küche* ist weiblich. Es heißt *die Küche*. Warum steht hier plötzlich: *,Die Tasse ist in **der** Küche*?“

Ich hatte gehofft, mit meinen pflegleichten, grammatikalisch ungebildeten Flüchtlingen ein paar Phrasen einüben zu können, mit denen sie sich einfach nur gut durch den deutschen Alltag schlagen konnten, in dem sie mit Sicherheit keiner fragen würde, ob sie den Unterschied zwischen Dativ und Akkusativ kannten, den nicht einmal der Abiturient Florian erklären konnte. Und nun das! Zu meinem Leidwesen sollte Monaf von nun an immer wieder solche Fragen stellen, die mich in große Verlegenheit stürzten.

Immerhin wusste er, was ein Dativ ist. Und ich konnte ihm auch noch vermitteln, dass nach manchen Präpositionen, wie zum Beispiel *in*, im Deutschen manchmal – nicht immer – der Dativ steht und dieser kenntlich gemacht wird, indem sich der Artikel ändert.

*Der Teppich liegt in **dem** Flur.*

*Das Bett steht in **dem** Schlafzimmer.*

Und eben: *Die Tasse ist in **der** Küche*

Doch dass der männliche Artikel für die Dativkennzeichnung eines weiblichen Gegenstands herhalten muss, wollte ihm nicht in den Kopf. Und als völlig abwegig empfand er die Tatsache, dass sogar eindeutig weibliche Wesen diesen männlichen Artikel verpasst bekommen: *Ich gebe die Tasse **der** Frau.*

Ich versicherte ihm, dass ich vollstes Verständnis für sein Unverständnis habe, dass ich aber nicht schuld sei und dass ich mir diesen Irrsinn nicht ausgedacht habe. Ich konnte ihm nur raten, dies alles gottergeben hinzunehmen. Andernfalls verliert man wirklich den Verstand.

In seinem bahnbrechenden Werk „Deutsch für alle" hat Abbas Khider revolutionäre Vorschläge für die Reform der deutschen Artikel gemacht. Dafür gebührt ihm die allergrößte Hochachtung. Denn würden diese Änderungen tatsächlich in die deutsche Sprache übernommen werden, so wäre allen gedient und alle wären glücklich: Die vielen Geflüchteten aus unterentwickelten Ländern mit katastrophalen Schulsystemen, die Gebildeten unter ihnen wie etwa Monaf, vor allem aber die Deutschlehrer, die ihm reihenweise um den Hals fallen würden.

Diese Vorschläge sehen vor, dass alle Hauptwörter einen Universalartikel bekommen, der sich nicht ändert. Im Nominativ nicht und auch nicht im Akkusativ. Schon gar nicht im Dativ, denn der würde abgeschafft werden, ebenso wie der Genitiv, den ohnehin kaum noch ein Deutscher braucht und gebraucht. Danach gilt für alle Hauptwörter:

Bestimmter Artikel: *de*, also: *de Mann, de Frau, de Kind*
Unbestimmter Artikel: *e*, also: *e Mann, e Frau, e Kind*
Plural: *die*, also wie gehabt: *die Männer, die Frauen, die Kinder.*

Wobei Monaf, als ich ihm diese Ideen präsentierte, sofort protestierte. Man könne vielen Männern unmöglich einen weiblichen Artikel verpassen, das habe er schon immer für ein Unding gehalten und sich nie richtig daran gewöhnen können. Er hatte die deutschen Artikel schon verinnerlicht wie ein Deutscher, sodass ich ihm erst mal beharrlich erklären musste, dass der weibliche Artikel ja dann nicht mehr *die* heißen würde, sondern *de* wie bei allen anderen Geschlechtern auch.

Das Drama des deutschen Kindes

Dies alles wäre eine ungeheure Erleichterung für alle Deutsch Lernenden, für Lehrer und Lehrerinnen für Deutsch als Fremdsprache, aber auch – und das möchte ich ausdrücklich betonen – für deutsche Kinder! Auch für sie ist das Erlernen der deutschen Sprache ein Leidensweg. Kein deutsches Kind beherrscht auf Anhieb die deutschen Deklinationsformen des Substantivs in allen vier Fällen, mit bestimmtem und unbestimmtem Artikel, der Adjektive, die Personal- und Possessivpronomen, im Singular und im Plural.

der Mann, des Mannes, den Mann, dem Mann;
der einfache Mann, ein einfacher Mann, des einfachen Mannes;

die einfachen Männer, **den** einfachen Männer*n*;
ihr einfacher Mann, ihre*s* einfachen Manne*s*, **ihren** einfachen
Mann, ihre*m* einfachen Mann.
Wie sollte es auch? Wenn schon deutsche Erwachsene damit
ihre liebe Not haben.

Wussten Sie, liebe Leserin, lieber Leser, dass deutsche Kinder im
Vergleich zu spanischen und italienischen wesentlich mehr
Fehler bei der Zuordnung des Genus – also männlich, weiblich,
sächlich – zu den Hauptwörtern machen? Italienische Kinder
zwischen anderthalb und drei Jahren machen nur in etwa drei
bis vier Prozent aller Zuordnungen des Artikels zum Hauptwort
einen Fehler. Spanische Kinder haben ähnliche Ergebnisse. Eine
Studie hat gezeigt, dass sich bei diesen Kindern „der monolin-
guale Genuserwerb nahezu fehlerfrei" vollzieht.

Und deutsche Kinder? Mit vier Jahren machen sie immer noch
zehn bis zwanzig Prozent Fehler bei der Zuordnung des Geschlechts. Sie benützen also bei jedem fünften bis zehnten Wort
den falschen Artikel und wissen nicht, ob ein Gegenstand nun
männlich, weiblich oder sächlich ist. Am liebsten benützen sie
für alles den Artikel „die": *die Auto, die Teller, die Mama.* So
wie übrigens auch die Ausländer.

Und nun sagen Sie bitte nicht – auch wenn Sie vielleicht spanische oder italienische Wurzeln haben –, dass deutsche Kinder
einfach dümmer sind. Nein, es liegt an dieser wahnwitzigen
Sprache! Im Italienischen und Spanischen gibt es schon mal nur
zwei Geschlechter – weiblich, männlich – *die* und *der.* Dazu
sieht man den meisten Hauptwörtern an den Endungen an, ob
sie männlich oder weiblich sind. Endung *-a* – weiblich; Endung
-o – männlich. So einfach kann das sein!

Und im Deutschen? Nicht nur, dass hier das Neutrum hinzu-kommt. Es ist auch nicht ersichtlich, nach welchen Kriterien die verschiedenen Geschlechter an die einzelnen Hauptwörter ver-teilt wurden. Nach den Endungen der Substantive richtet sich diese Zuweisung sicher nicht:

der Teller, das Messer, die Mutter;

der Sessel, die Schaukel, der oder das Schlamassel, das Gequassel;

die Frau, der Bau, das Blau.

Und hinzu kommt ja immer noch die verdammte Deklination, die einen ganz blöde im Kopf macht – siehe oben.

Diese Sprache gibt Kindern keinen Halt! Kommt dann noch hinzu, dass die armen Kleinen ständig von den Erwachsenen korrigiert werden, dann sind psychische Störungen geradezu vorprogrammiert.

„Es heißt nicht *die Auto*, sondern *das Auto*.“

„Nein, man sagt nicht ‚*Ich sitze in die Schaukel*‘. Es heißt ‚*Ich sitze in der Schaukel*‘.“

„Sag nicht immer *die Fahrrad*, zum Kuckuck noch mal. Wie oft soll ich dir das denn noch sagen? Es ist *das Fahrrad*. Merk dir das endlich.“

Ich selbst bin dafür das beste Beispiel. Ich habe die traumatisie-renden Erfahrungen selbst machen müssen. Denn als ich den durchaus verständlichen Satz „Die Puppe gehört die Birgit“ von mir gab, wurde ich natürlich prompt korrigiert: „Es heißt: ‚Die Puppe gehört **der** Birgit.‘“ Da ich zu den eher sprachbegabten Menschen gehöre, stellte ich mich umgehend um und sprach nur noch von „der Birgit“: „Der Birgit will noch nicht ins Bett.“ Mein ganzes restliches Leben wurde ich von da an von der Verwandt-schaft mütterlicherseits unter Schmunzeln und Lachen „der Bir-git“ genannt. Wenn Sie auch nur eine leise Ahnung davon haben, welche wichtige Rolle die frühkindliche Geschlechtsidentität für die Entwicklung eines stimmigen Selbstbildes spielt, dann können Sie sich vorstellen, welch verstörenden Einfluss diese Hänseleien auf mich gehabt haben müssen. Zum Glück wurde dies in meiner Pubertät dadurch korrigiert, dass ich durch meine Wirkung auf männliche Altersgenossen zu der profunden Überzeugung kam, eindeutig weiblichen Geschlechts zu sein.

Ich würde gerne im Weiteren noch eine ganze Reihe von Änderungsvorschlägen machen, die nicht nur den Ausländern, sondern auch den deutschen Kindern das Leben erheblich einfacher machen könnten. Doch zunächst noch einmal zum Artikel. Ich würde hier nämlich noch einen Schritt weitergehen und die grundsätzliche Frage stellen: Einen Artikel – braucht man den überhaupt?

Lernen von anderen Sprachen

Das Japanische kennt kein Genus und keinen Plural. Über den deutschen Plural werde ich später noch ausführlich und inbrünstig schimpfen. Auch das Chinesische kommt ohne Geschlecht aus. Ebenso das Koreanische, Persische, Tamil, Thailändische, Türkische, Ungarische und Vietnamesische. Im Englischen ist das Geschlecht quasi verschwunden. Es gibt noch den bestimmten Artikel *the* und den unbestimmten *a*. Ein Mann ist *he*, eine Frau *she*, alles andere ist *it*. So herrlich einfach kann Sprache sein!

Im Russischen und in vielen weiteren slawischen Sprachen gibt es darüber hinaus noch nicht einmal einen Artikel – weder einen bestimmten noch einen unbestimmten. Und noch kein Russe hat sich darüber beschwert. Im Gegenteil: Russland-Deutsche verweigern sich, auch wenn sie schon lange bei uns leben und Deutsch sprechen, standhaft dem Artikel: „Oh, guck mal, Sonne scheint so schön." „Hab Auto in Werkstatt bringen müssen." Auch Türkisch, Finnisch, Japanisch, Mandika und etliche weitere afrikanische und Turksprachen kommen ohne Artikel aus.

Ich plädiere daher für die komplette Abschaffung des Artikels auch in der deutschen Sprache. Alle Probleme wären damit gelöst.

Bei der Bildung von Akkusativ, Dativ und Genitiv orientieren wir uns zukünftig konsequent am Englischen und Italienischen. Hier hat Abbas Khider schon vortreffliche Vorarbeit geleistet, indem er den Genitiv abschaffen und den Dativ neu strukturieren möchte. Die Abschaffung des Artikels würde das Ganze weiter vereinfachen. Ein Engländer braucht keinen Akkusativ oder Dativ. Zumindest nicht so verquer wie die Deutschen. Auch Italiener und Spanier machen es sich da wesentlich einfacher. Die Fälle werden einfach mit Präpositionen gebildet.
Der Genitiv:
Buch von Mann, Haus von Frau usw.
Der Akkusativ kommt sogar ohne Präposition aus:
Ich sehe Mann. Du kaufst Pulli.
Den Dativ bilden wir wie im Englischen mit *to – zu*:
Wir geben Essen zu Flüchtlinge. Er bringt Auto zu Bruder.

Auch ein besonders finsteres Kapitel der deutschen Sprachgeschichte könnte ein für alle Mal abgeschlossen werden: Die Tragödie des Weiblichen in der deutschen Sprache.

Dass *das Mädchen* ein Neutrum ist, ist zwar äußerst verstörend für einen nicht deutschsprachigen Menschen. Man kann es aber noch grammatikalisch nachvollziehen und erklären. Alle Diminutive werden im Deutschen sächlich: *Die Tasse – das Tässchen, der Teller – das Tellerchen, das Haus – das Häuschen.* Sogar der Mann heißt dann *das Männchen,* und *die Maid* wurde eben zum *Maidchen* oder später zum *Mädchen.*

Doch warum ist auch *das Weib* sächlich wie das liebe Vieh?

Okay, *Weib* ist veraltet und wird nur noch als Schimpfwort oder abwertend gebraucht, wie zum Beispiel auch *das Luder* oder *das Mensch.* Es heißt heute *die Frau* oder *die Dame,* und die sind Gottseidank sogar grammatikalisch weiblich. Aber, mal abgesehen davon, dass es für Männer solche herabsetzenden sächlichen Begriffe gar nicht gibt, wird die grammatikalische Geschlechtsbezeichnung nicht von *Frau* abgeleitet (das wäre *fraulich*) sondern von eben dem herabgewürdigten *Weib,* nämlich *weiblich.*

Der etymologische Ursprung von *Mann* ist klar: *man, manon, monn.* Das gibt es in Mittelhochdeutsch, in Althochdeutsch, in Altenglisch und Altfriesisch und ebenso im Niederländischen, im Neuenglischen und Schwedischen. Und es bedeutet: *Mensch.* Die etymologische Wurzel von *Mensch* und *Mann* ist dieselbe. Abgeleitet werden die Genusbezeichnung *männlich* und die heroischen Wörter wie *mannhaft, Mannschaft,* ein rechtes *Mannsbild.*

Doch dazu, woher das Wort *Weib* stammt, können die Etymologen nichts sagen. Sie wissen es schlicht und ergreifend nicht. Sie rätseln herum. Die einen meinen, es hätte die gleiche Wurzel wie das Wort *vibrieren* und würde vom Sinn her *sich drehen* oder *winden, sich schwingend bewegen* bedeuten. Die andern vermuten, dass es auf ein nicht mehr existentes Wort zurückgeht, das so etwas wie *Mutterleib* bedeutet hat. Weil es in manchen indoeuropäischen Sprachen Wörter mit einer ähnlichen Wurzel für *Kind*, *Tierjunge* oder *Junge werfen* gibt.

Sie müssen sich mal vergegenwärtigen: Im Deutschen sind Substantive, die Menschen bezeichnen, zu 69 Prozent männlich, zu 16 Prozent weiblich, zu 9 Prozent sächlich und zu 7 Prozent Plural (wie zum Beispiel *die Leute*). Für Personenbezeichnungen mit der Endung *-ling* gibt es gar keine weiblichen Formen. Der *weibliche Flüchtling*, der *weibliche Säugling*, der *weibliche Lehrling* und der *weibliche Häuptling*.

Ist das gerecht? Welche Auswirkungen diese ungleiche Behandlung auf die Ausbildung der Geschlechtsidentität kleiner Mädchen hat, kann man sich ungefähr vorstellen.

Ich bin keine konsequente Verfechterin der generischen Gerechtigkeit in der deutschen Sprache, weil *die Studenten und Studentinnen* oder *die Student*innen* oder *Student/en/innen* den Textfluss holprig machen. Und die Ersatzform aus substantivierten Partizipien wie *Studierende* oder *Auszubildende* sind auch nicht gerade literarische Highlights und machen das Erlernen der deutschen Sprache für Ausländer noch schwerer, als es ohnehin ist.

Aber andererseits hat Shahak Shapira vollkommen recht. Der Schriftsteller, Musiker und Comedian, der mit vierzehn Jahren aus Israel nach Deutschland einwanderte, brachte es in seinem Instagram-Account auf den Punkt: „Ja, Gendern ist nervig. Genauso nervig wie Wechselpräpositionen, Kasus, Konjunktiv I und II, das ganze der/die/das-Geficke, das Wort ‚Volkswirtschaftslehre' und diese Katastrophe namens Dativ. Deutsch ist eine nervige Sprache. Ein Sternchen extra reißt es auch nicht mehr raus."

Recht hat er. Also her mit den Sternchen. Aber die Abschaffung des Artikels wäre auch schon ein kleiner Schritt zu mehr Gendergerechtigkeit. Also kommt er weg.

Helft den deutschen Kindern

Solche sprachlichen Korrekturen wären nicht nur ein Segen für die vielen, vielen Ausländer*innen, die diese Sprache erlernen müssen, sondern eben auch für die vielen kleinen deutschen Jungen und Mädchen. Mal ganz ehrlich: Kann irgendein deutsches Kind mit drei oder vier dieses Sprachgebilde korrekt wiedergeben? Jeder und jede, die Kinder hat oder hatte, kennt solche Sätze: „Ich *habe geschreit*", „Da vorne, das Auto *ist abgebiegt*", „Der Bus *ist gefahrt*".

Deutsche Kinder sind keineswegs blöd oder sprachlich unbegabt. Was leicht ersichtlich ist an den Wortneuschöpfungen, wenn das Kind ein Wort nicht kennt und sich ein eigenes, meist durchaus sinnvolles, dafür ausdenkt: *Die Eierbrate* für Pfanne, die *Blumengieße* für Gießkanne, den *Ärmelrock* für Kleid. Ich finde solche Wortschöpfungen nicht nur akzeptabel. Sie sind auch das herrliche Beispiel ungebremster Fantasie und sollten auch allen Ausländer*innen gestattet sein. Warum sollte es kein *Einkaufshaus* geben?

Ein weiteres Feld, wo wir wirklich mit Reformen helfen könnten, die den Kindern und den Ausländer*innen gleichermaßen zugutekommen würden, wäre bei der Grammatik der zweiten Vergangenheitsform der Verben. Kinder bilden intuitiv das Partizip Perfekt so, wie es bei allen sogenannten regelmäßigen Verben gebildet wird. Aber eben nur bei den regelmäßigen. Das Perfekt oder die sogenannte zweite Vergangenheit ist wieder ein

Beispiel dafür, dass in dieser Sprache überhaupt gar nichts einfach oder logisch sein kann.

Dabei gibt es ein einfaches Muster, das nicht nur Kindern spontan einleuchtet. Sie würde auch den Deutsch*lernerinnen eine einfache, durchschaubare Regel an die Hand geben:

putzen – ge-putz-t
kochen – ge-koch-t
spielen – ge-spiel-t

Aber dann geht es schon los:
schlafen – ge-schlaf-en
Warum heißt es nicht einfach *ge-schlaf-t?*

Gibt es irgendeinen vernünftigen Grund, warum das nicht so heißen kann? Jede*r versteht das. Es gibt keine Verwechslungsgefahr mit einem anderen Wort. Und Wörter, die wir neu bilden oder aus anderen Sprachen übernehmen, werden ganz selbstverständlich ebenso behandelt: *faxen – ge-fax-t, surfen – ge-surf-t, chillen – ge-chill-t.* Und nehmen wir mal ein Wort, das es bisher noch gar nicht gab – zum Beispiel *merkeln* – Synonym für bloßes Nichtstun, ohne dass Entscheidungen getroffen werden oder eine Stellungnahme erfolgt – wir wüssten sofort, wie wir das zweite Partizip bilden: Ich habe *ge-merkel-t.* Oder *mundschutzen* (was bedeutet, dass man einen Mundschutz trägt): Ich habe *ge-mundschutz-t.* Oder *kaubeln* – ein erfundenes Wort, für das ich Bedeutungsvorschläge gerne annehme: ich habe *ge-kaubel-t.*

Warum dann nicht auch *ge-wasch-t, ge-ess-t, ge-les-t?* Das wäre alles kein Problem für die Verständigung, der eine Sprache ja dienen soll, und nicht dafür, Ausländer*innen und Kindern das Leben zur Hölle zu machen. Der Sohn eines Freundes sagte mit drei Jahren: „Ich habe *gegesst*". Mit dreieinhalb sagte er dann: „Ich habe *geaßt*". Das Kind war völlig verwirrt. *Gegessen* mit *-en* am Ende, das ging gar nicht.

Dabei ist die Endung *-en* wie bei *geschlafen, gewaschen, gelesen* noch reines Pillepalle. Denn dann kommt das Partizip II einiger sogenannter starken Verben. „Die starken Verben sind eine besondere Delikatesse des Deutschen (...); sie gehören zum germanischen Erbe (...)," schreibt Dieter Wunderlich in seinem Buch „Sprachen der Welt" im Kapitel „Was die Ausländer am Deutschen stört". Was an diesen Verben stark sein soll, habe ich noch nie begriffen. Ich würde sie eher als schwachsinnig bezeichnen.

Denn aus unerfindlichen Gründen und mal wieder ohne Regel und Verstand werden einfach Vokale ausgetauscht und diese Verben bis zur Unkenntlichkeit verhunzt. Und das auch schon in der Gegenwart und in der ersten Vergangenheit, dem Präteritum:
brechen – du brichst – brach – gebrochen
saufen – du säufst – soff – gesoffen
stehlen – du stiehlst – stahl – gestohlen

Es gibt Dutzende und Aberdutzende solcher Wechselbälger in der deutschen Sprache. Und dann gibt es noch die Verben, bei denen man auch einfach das *ge-* weglässt:
erscheinen – erschienen
empfinden – empfunden
verstehen – verstanden
beginnen – begonnen

Um dem Ganzen noch die Krone ins Genick zu hauen, gibt es dann noch die Verben, bei denen das *ge-* nicht am Wortanfang steht, sondern irgendwo reingepackt wird:

abhauen – abgehauen
ausgehen – ausgegangen
einpacken – eingepackt
umziehen – umgezogen

Sie werden es nicht glauben, aber es gibt dafür sogar einen nachvollziehbaren Grund. Bei dem verzweifelten Versuch, diese Regeln einigen Flüchtlingen begreiflich zu machen, die sich auf die Schlussprüfung des Integrationskurses auf Niveau B1 vorbereiten mussten, bin ich durch meine Recherchen auf folgenden Sachverhalt gestoßen:

Die German*innen fanden es schon immer prickelnd neue Wörter zu bilden, und zwar einfach, indem sie eine Vorsilbe vor ein Verb packten. So machen wir es auch heute noch: *packen, einpacken auspacken.* Solche Wortbildungen haben wir insbesondere im 15. und 16. Jahrhundert zu Tausenden geschaffen. Aber es gab eine Phase – viel früher, nämlich im 8. und 9. Jahrhundert – da kamen bestimmte Vorsilben in Mode, mit denen auch schon eifrig neue Verben gebildet worden sind. Was die Vorsilben *aus-* und *ein-* bedeuten, dafür haben wir heute noch ein Gespür. Aber *ver-, be-, ent-?* Keine Ahnung. Deshalb betonen wir sie auch nicht mehr. Die Vorsilbe *be-* bedeutete aber mal, dass man etwas nicht nur passiv, sondern aktiv tut. Ein Beispiel, bei dem man das noch sieht, ist *be-leuchten. Ver-* bedeutete ungefähr: etwas so machen, dass es über eine bestimmte Zeit oder eine bestimmte Stelle hinausgeht. So etwa bei *ver-schlafen, ver-setzen.* Die Vorsilbe *ent-* bezeichnete die Trennung von etwas. Ein schönes und noch nachvollziehbares Beispiel aus dem 8. Jahrhundert ist das Wort *ent-binden.* Und in dieser Zeit, ebenbürtig zu den anderen nicht mehr betonten Vorsilben wie *be-* und *ver-* und *ent-,* bekam auch die Vorsilbe *ge-* Hochkonjunktur. Sie bedeutete einfach, dass das, was man tut, auch zu Ende gebracht wird. Ein bisschen sieht man das noch an dem Wort *gerinnen*. Blut fließt so lange, bis es nicht mehr rinnen kann und gerinnt. Bei *gewinnen* muss man wissen, dass es ein altes deutsches Wort *vinna* oder *winnan* gab und dieses so etwas wie *sich mühen* bedeutete. *Gewinnen* heißt also, dass man durch Mühen etwas erreicht hat. Da man viele, ja fast alle Aktivitäten zu Ende bringen kann, machte die Vorsilbe *ge-* eine fantastische Karriere: Sie wurde einfach für alles verwendet, was man zu Ende gebracht hat. Bei *lesen – gelesen*, bei *laufen – gelaufen*, bei *schreiben – geschrieben* und so weiter. Der Superstar *ge-* wurde einfach generell zur Bildung des Partizip Perfekts genommen und damit zur Beschreibung der Vergangenheit.

Allerdings nicht so bei den Wörtern, die im 8. und 9. Jahrhundert, also zeitgleich mit dem Karrierebeginn von *ge-*, schon eine andere Vorsilbe verpasst bekommen hatten, nämlich *ver-*, *ent-*, *be-* und noch ein paar andere. Da wird die zweite Vergangenheit, also das Perfekt, anders gebildet: Ich habe *beleuchtet*, ich habe *verschlafen*, ich habe *entbunden*.

Haben Sie das verstanden? Super!
Aber versuchen Sie niemals dies einem Flüchtling mit höchstens, eher weniger, als acht Jahren Schulbildung aus einem Entwicklungsland zu verklickern. Ich habe es versucht. Das Einzige, was dabei herauskam, war vollständige Verwirrung und großer Frust auf beiden Seiten. Und es würde sich ohnehin erübrigen, wenn die Reformator*innen der deutschen Sprache meinen und Herrn Khiders Verbesserungsvorschlägen folgen würden:

Das Partizip Perfekt wird im Deutschen nach einer einheitlichen, der Natur des Sprechens gemäßen Weise gebildet:
ge-Verbstamm-t

Dass dies dem natürlichen angeborenen Sprechverhalten entspricht, zeigt nicht nur die Kindersprache. Auch die erwachsenen Deutschen haben ein originäres Gespür dafür, dass dies genau richtig ist. Denn warum würden sonst immer mehr sogenannte „starke" Verben – man könnte sie auch starrsinnig und herrschsüchtig nennen – umgewandelt in „schwache" – oder besser gesagt in weiche, flexible, anpassungsfähige? Zum Beispiel *wegsaugen*. Kein Mensch sagt mehr „Ich habe den Dreck *weggesogen*". War mal wirklich richtig und kommt im Duden immer noch vor. Nein, wir sagen: „Ich habe den Dreck *weggesaugt*".

Und wenn die Deutschen vor etwa tausend Jahren bestimmte neue Verben abgeleitet haben aus alten, die schon da waren und zu den starken oder unregelmäßigen Verben gehörten, dann haben sie die neuen regelmäßig auf regelmäßige Weise konjugiert: Von *sinken – sank – gesunken* wurde abgeleitet *senken – senkte – gesenkt*. Von *liegen – lag – gelegen* kam das Verb *legen – legte – gelegt*. Und von *fahren – fuhr – gefahren* stammt das neuere Wort *führen – führte – geführt*. Schon damals haben die alten German*innen den Unsinn mit den starken Verben nicht mehr mitgemacht. Ich bin sicher, dass die neue Regel uneingeschränkten Beifall finden würde – bei Ausländer*innen, bei deutschen Kindern, bei allen mit Migrationshintergrund und nicht zuletzt bei den Deutschlehrer*innen.

Gebrochene Zungen, geborstene Lippen

Auch die Phonetik der deutschen Sprache wäre eigentlich dringend reformbedürftig. Nicht nur für Flüchtlinge ist sie in weiten Teilen eine Zumutung. Auch unsere Kinder tun sich mit der Aussprache sehr schwer.

Ich spreche dabei gar nicht von den putzigen Verdrehungen, die wir alle mal gemacht haben und die unsere Eltern unter Schmunzeln und Gelächter jahrzehntelang auf jeder Familienfeier wiedergekäut haben. Oder den Fehlkonstruktionen unserer eigenen Kinder, die wir ebenfalls bei jeder Gelegenheit unter Lachen und Grinsen zum besten geben, obwohl die Sprösslinge ihre Ausbildung längst beendet haben. Es geht ja gar nicht um das *Dornhöschen*, die *Pinzessin* oder den *Nusskacker*. Auch die *Totolade* statt *Schokolade*, *Wiebelwaben* für *Zwiebelschalen* oder *Dummediefe* für *Gummistiefel* sind nicht das Problem, auch wenn sie die Eltern manchmal vor Rätsel stellen. Eine Freundin erzählte mir, dass ihre Tochter konsequent *Dahlienschuhe* verlangte. „Frag nicht, wie lange ich gebraucht habe, bis ich wusste, was dieses Kind von mir will! Sie wollte bei jedem Wetter Sandalen anziehen."

Nein, ich spreche davon, dass in deutschen Foren und Chatrooms verzweifelte Eltern nach Rat fragen: „Mein Kind kann kein *sch*!" Weil sie nicht herausbekommen, ob ihr Sohnemann eine *Tasche* oder *Tasse* will. Erzieher*innen warnen: „Wenn Sie jetzt nichts gegen die Sprachstörung unternehmen, dann wird Ihr Kind ausgegrenzt." Die Praxen der Logopäd*innen sind übervoll. Jedes achte Kind in Deutschland benötigt im Alter von sechs Jahren eine Sprachtherapie, wie Zahlen der Techniker Krankenkasse zeigen. Ganze Bücherborde in den Buchhandlungen stehen voll mit Ratgebern. „Ganzheitliche Sprachförderung, 6. Auflage, Ein Praxisbuch mit Sprachspiel für Kindergarten, Schule und Hort"; „Sprachstörungen im Kindesalter: Materialien zur Früherkennung und Beratung"; „Ratgeber Sprech- und Sprachstörungen"; „Sprachförderung für 3- bis 7-Jährige: Ausgearbeitete Stunden und Materialien für ein ganzes Jahr" ... Ja, es gibt schon eine App, die Kinder zwischen drei und sieben Jahren dabei unterstützt, ihre Sprechfehler loszuwerden.

Was erwarten wir denn von den Kindern bei dieser Sprache? Deutsch ist schlicht und einfach nicht kindgerecht. Es beginnt ja schon mit der Aussprache der – im buchstäblichen Sinne – unsäglichen Konsonantenfolgen. Zum Beispiel *sch* mit *n*. Natürlich sagen sie *Nuller* anstatt *Schnuller*. Oder *sch* und *w*. Mit der *Schwester* haben sie genau dieselben Probleme wie jeder Afrikaner und nennen sie meine *Swester*. *La sorella* heißt es im Italienischen. Mitlaut – Selbstlaut – Mitlaut – Selbstlaut – Mitlaut – Selbstlaut – Mitlaut – Selbstlaut. So einfach kann Aussprache sein! Deshalb liebe ich diese Sprache.

Die ganzen zungenbrecherischen Kombinationen von Mitlauten sind eine einzige Plage für die kleinen Sprechorgane. Man muss sich einmal vergegenwärtigen, dass das Türkische mit wenigen Ausnahmen höchstens zwei aufeinander folgende Konsonanten kennt. Konsonantenhäufungen wie im Deutschen sind dort völlig unvorstellbar. Das Deutsche dagegen strotzt im Vergleich mit den meisten anderen Sprachen dieser Welt nur so von Konsonantenclustern. Hier sind Wörter möglich wie *Angstschweiß*, mit acht (!) Konsonantenbuchstaben in Folge.

Lautkombinationen wie *ftb* führen dazu, dass ich allein für den heißgeliebten Luftballon vier verschiedene Bezeichnungen aus Kindermund kenne: *Luffilon, Puffpapon, Lustabong,* und unsere Tochter nannte ihn *Lufanball*. Wenn eine Sprache ungeniert die Buchstaben *sch* und *l, p* und *f* und *l* oder *s* und *t* und *r* zusammenpackt, wer kann es Kindern da verübeln, wenn sie *Laume* statt *Pflaume*, *Schraße* statt *Straße* sagen und einen *Waschlappen Laschlappen* oder *Schlappwappen* nennen.

Ein erster Vorschlag, um diesen armen Kleinen zu helfen, wäre: Das *sch* verbannen, wenn danach noch ein Konsonant kommt –

schon wegen der Schreibweise. *Sreibweise* versteht auch jeder. Und das Plattdeutsche, was erwiesenermaßen auch eine germanische Sprache ist, hat das nie gebraucht.

Super wäre natürlich auch, wenn wir uns der Dreier-Konsonanten entledigen könnten. Zumindest am Anfang eines Wortes. Wer braucht schon so etwas wie *pfl*. Es bringt die Lippen zum Platzen. Frage: Würde man die Wörter *Plege, plücken, Plicht* und *planzen* nicht auch irgendwie verstehen können? Auch hier kann uns das Platt- oder Niederdeutsche als löbliches Beispiel dienen, auch wenn die Sprachwissenschaftler*innen stur behaupten, das sei kein deutscher Dialekt, sondern eine eigene Sprache. Ich weiß, ich werde es mir mit meinen Landsleuten verderben, denn ich komme aus dem tiefsten Süden der deutschen Lande. Aber ich möchte, um der lieben Kinder willen und für all die vielen deutschlernenden Ausländer*innen eine Lanze für das Plattdeutsch brechen. Dort heißt der Schnee einfach *Snee*, so wie jedes Kleinkind es ausspricht. Unsere Tochter sagte schon mit anderthalb Jahren an Weihnachten zum Hund meiner Schwester: „Guck Susi, Snee" und musste schweren Herzens umerzogen werden. Und ein *Apfel* ist schlicht ein *Appel*. Das giftige *pf* lässt man einfach weg.

Schwieriger wird es schon mit der Dreierkombination *str*. Immerhin verzichten die Deutschen hier auf das unsägliche *Sch*. Im Russischen, in dem es sechs verschiedene solcher Zischlaute gibt, hat wenigstens jeder sein eigenes Buchstabenzeichen. Warum verbrauchen wir für einen Mitlaut drei Buchstaben: *s, c* und *h*? Aber immerhin: In der Lautkombination *str* schreiben wir nur das *s* – ein schlagkräftiges Argument für den oben gemachten Verbesserungsvorschlag! Wir sollten die plattdeutsche Aussprache als Vorbild für alle anderen Dialekte heranziehen. Wir sprechen *streben* als *streben* und nicht mehr als *schtreben*.

Ich wage eine weitere Überlegung: Was, wenn wir einfach das *T* weglassen? *Srafe, Sraße, sreben* und *sreichen*? An *spr* traue ich mich nicht. Denn *Srache* oder *sritzen* ginge selbst mir zu weit. Ganz ratlos bin ich bei Wortungetümen wie *Strumpf.* Im Französischen heißt es melodiös und elegant *la chaussette.* Gesprochen *la-scho-set.* Klar und einfach: Mitlaut – Selbstlaut – Mitlaut – Selbstlaut – Mitlaut – Selbstlaut. Und was produzieren wir? Mitlaut – Mitlaut – Mitlaut – Selbstlaut – Mitlaut – Mitlaut – Mitlaut. Da brauchen wir uns nicht zu wundern, wenn unsere Sprache in den Ohren anderer Völker klingt wie das Stampfen und Schmatzen von Füßen in einer alten Weinkelter.

Leider, leider sind den Verbesserungsvorschlägen in punkto Aussprache Grenzen gesetzt. Guter Rat ist hier teuer. Und wir werden es unserem geliebten Nachwuchs nicht ersparen können, sich in mühsamer Weise in Zungenakrobatik zu üben. Denn ein *Nuller* ist nun mal etwas anderes als ein *Schnuller.* Und zwischen einem *Topf* und einem *Kopf* gibt es ebenso einen Unterschied wie zwischen *Tasche* und *Tasse.*

Leider werden wir auch das *ä,* das *ö* und das *ü* beibehalten müssen, über die sich Abbas Khider so inbrünstig beschwert, und die ihm angeblich das Leben zu Hölle gemacht haben. Er will sie partout abschaffen oder zumindest abschieben.

Hier muss ich erstmals protestieren. Denn wir stehen mit diesen Umlauten beileibe nicht allein da in der Welt. Sie kommen im Französischen, im Albanischen, im Türkischen, im Ungarischen und Finnischen vor. Das *ä* und eine Art *ö* haben wir sogar im Englischen (*had, bird*). Die dänische und norwegische Variante des deutschen *ö* ist der Vokal *ø.* Auch im Uigurischen und im Mongolischen gibt es *ü* und *ö.*

Wohin wollen Sie die alle abschieben, Herr Khider?

Außerdem ist eine *Bühne* nun mal keine *Biene*. Es ist ein Unterschied, ob man *spielen* oder *spülen* muss. Und ein *Schussel* kann eine *Schüssel* zerbrechen, aber nicht umgekehrt.

Schließlich ist es durchaus möglich, die Aussprache dieser Umlaute zu erlernen. Ich muss zugeben, dass die Methode einigen Mut erfordert. Denn man muss sich konsequent selbst dabei zuschauen, wie man sich zum Affen macht. Aber es funktioniert. Und zwar folgendermaßen:

Sie stellen sich vor einen Spiegel. Sie sprechen laut ein *u* aus. Nun beobachten Sie Ihren Mund. Die Lippen bleiben jetzt in dieser Position. Sie dürfen sich kein Jota bewegen. Und nun versuchen Sie ein *i* auszusprechen. Wenn Sie das schaffen, kommt hundertprozentig ein *ü* dabei raus. Genauso funktioniert es mit dem *ö*. Sie sagen laut *o*. Die Lippen werden in dieser Stellung eingefroren, und Sie versuchen ein *e* auszusprechen. Was dabei herauskommt, ist unweigerlich ein *ö* – vorausgesetzt, die Lippen bewegen sich nicht. Da fast alle Ausländer*innen etwas wie *ä* artikulieren können, wäre es vielleicht ratsam, diese Methode zunächst an diesem Umlaut zu üben. Sie sagen *a*, behalten die Lippenstellung bei, versuchen ein *e* zu sprechen, und erhalten ein *ä*. So einfach ist das. Versuchen Sie es.

Wenn Sie das geschafft haben, dann üben Sie sich in der Aussprache folgender Wörter: *Kühle Flüsse, mühsame Überstunden, Frühstücksbrötchen, fröhliche Töchter, müde Söhne* und *höhere Löhne.*

Fortgeschrittene können sich an die Sätze machen, die Bastian Sick in „Der Dativ ist dem Genitiv sein Tod" vorschlägt:

Hüben wie drüben sprühen Rübenzüchter flüssige Gülle über die Frühblüte.
Züchtig verhüllte die Büßerin ihre fülligen Brüste mit Tüll.
Wütende Bürger stürmten die Güter des Fürsten, plünderten und zündelten und flüchteten mit güldenen Lüstern und Münzen.

Zugegeben: Für Menschen mit arabischer Muttersprache ist dies eine besondere Herausforderung. Denn das Arabische hat nur drei Vokale, die dazu noch so nuschelig ausgesprochen werden, dass unsereins sie kaum unterscheiden kann. Doch diese Leute sollten sich ein Beispiel an dem Schriftsteller Rafik Schami nehmen. Dessen Muttersprache ist ebenfalls Arabisch. Und doch hat er das *ü* so lange geüüüübt, bis er nur noch in *Ü*s gesprochen hat: *Müsik, Stünde, Ülm* und *Ülrich.*

Das *ü*, das *ö*, das *ä* müssen also bleiben.

Aber in einer anderen Sache könnte ich mir durchaus eine Verbesserung vorstellen. Monaf hat mich mal wieder drauf gebracht. Durch seine Probleme bei der Aussprache des *v*.
Zur *Vase* sagt er *Fase*, und da er das Wort *Impfstoff* mit seinem Konsonantencluster von 5 (!) aufeinanderfolgenden Mitlauten vermeiden will, sprich er von *Fakzin.*
Und natürlich korrigiere ich: „Es heißt *Vase* und *Vakzin*, gesprochen wie mit einem *w.*"
Wonach er jedes *v* nur noch als *w* ausspricht:
Wader statt *Vater*, *Werbesserung, Wergangenheit, Werkehr, wier* und *wiele, Wogel*, wahrscheinlich auch *wögeln.*
„Weil wir dawon wiele Worteile haben, werden wir die Werbesserungsworschläge werwirklichen," meinte Monaf, der mit der Zeit mein engster Berater in Sachen Verbesserungsvorschläge für die deutsche Sprache wurde.

Nachdem ich wieder korrigiere, wird er richtig sauer: „Wozu habt ihr eigentlich ein *f,* ein *v* und ein *w?*"

Also bedarf es eines weiteren Ferbesserungsforschlags: **Es gibt nur noch das *f* und das *w.* Das *v* wird ersatzlos gestrichen.**

Briefe vom Amt

Sie sehen, liebe Leserin und lieber Leser (ohne Sternchen – es ist mir doch zu nervig), wie vielschichtig die Probleme für Deutsch Lernende sind und wie hart es selbst für Kinder ist, diese Muttersprache zu erwerben. Als ob dies nicht genügen würde, gibt es aber in Deutschland Menschen, die Texte in einer Form und in einem Duktus verfassen, durch die so manchem Deutschen das Deutsche wie eine Fremdsprache vorkommt. Dies wäre nicht weiter tragisch, wenn diese Texte nicht gerade für Flüchtlinge oft inhaltsschwer und schicksalsträchtig wären.

Jede, die haupt- oder ehrenamtlich Deutsch unterrichtet, jeder, der Lernbeschleunigungsprojekte für Flüchtlinge organisiert, erlebt, dass da am Unterrichtsende eine nicht gehen will, herumdruckst und dir signalisiert, dass sie Hilfe braucht. Oder jemand schon lange vor Beginn der eigentlichen Veranstaltung auftaucht und den ehrenamtlichen Organisatoren beständig im Wege herumsteht, bis er gefragt wird, wie man ihm helfen kann.

Es ist nicht einfach für viele. Gestandene Männer müssen wie Kinder um Hilfe bitten. Es geht um sehr persönliche Dinge. Zum Beispiel, ob der Zahnersatz von der Kasse übernommen wird oder nicht. Oder um Rechnungen, die man nicht bezahlt hat.

Irgendwann also kommt einer deiner Schüler mehr oder weniger verlegen zu dir und zieht einen zerknitterten Brief aus der Parkatasche oder dem Rucksack und bittet dich, ihm zu sagen, was drin steht. Er hat ganz offensichtlich einen Mordsbammel. Und das nicht zu Unrecht. Denn der Absender ist die Bundespolizeidirektion, konkret die Bearbeitungsstelle für Massendelikte.

Und auch ich komme nun ins Schwitzen. Denn zunächst soll ich dem verängstigten Kerl das „Betreff" erklären. „Polizeiliche Ermittlungen; schriftliche Äußerung der/des Beschuldigten. Anlage: Äußerungsbogen Beschuldigtenvernehmung". Alagie aus Gambia versteht die beiden Wörter *polizeilich* und *schriftlich*. Alles andere ist ihm ein Rätsel. Auch ich muss das Ganze zweimal lesen, bevor ich verzweifelt überlege, wie man die Wörter *Ermittlungen, Äußerungsbogen* oder gar das entzückende deutsche Wort *Beschuldigtenvernehmung* erklären soll. Irgendwie gelingt es mir, Alagie zu erklären, dass die Polizei ihm etwas vorwirft und er sich dazu äußern soll.

Dann versuche ich herauszubekommen, was dem jungen Mann eigentlich vorgeworfen wird und lese: „Sehr geehrter Herr …, gegen Sie wird zurzeit ein Ermittlungsverfahren geführt, weil Sie im Verdacht stehen, folgende Straftat(en) begangen zu haben: Straftat gemäß §265 aSTGB – Erschleichen von Leistungen". Da ich das Ganze zwar dem Wort nach, nicht aber inhaltlich verstehe, weiß ich auch nicht, wie ich Alagie erklären soll, was das *„Erschleichen von Leistungen"* ist. Ich komme zur Tatzeit. Die war am selben Tag, aber einmal um 15.57 und einmal um 17.41 Uhr. Die Verwirrung bei mir nimmt zu. Den nächsten Satz verstehe ich wenigstens einigermaßen: „Sollten Sie über Beweismittel verfügen, die zu Ihrer Entlastung beitragen, legen Sie diese bitte als Fotokopie dem Anhörbogen bei." Ich überlege, ob ein

Anhörbogen ein Bogen ist, den man anhören kann und weiß immer noch nicht, worum es eigentlich geht.

„Alagie, worum geht es da? Hast du irgendeine Ahnung?"
Die Verlegenheit in seinem Gesicht ist unübersehbar, und wenn er nicht so Schwarz wäre, würde er jetzt sicher rot werden. Kann ein Schwarzer rot werden? Er druckst herum.
„Ich bin schwarzgefahren", gesteht er schließlich. Der Schlingel wusste also durchaus, worum es ging. Jetzt erst sehe ich ganz am Ende des Schreibens:
2 x Erschleichen von Leistungen
Kontroll-Uhrzeit: 15.57
Verkehrsmittel: Zug-Nr. ...
Strecke/Fahrtrichtung: Von der kleinen in die große Stadt
Und noch mal:
Kontroll-Zeit: 17.41
Verkehrsmittel: Zug-Nr. ...
Strecke/Fahrtrichtung: Von der großen in die kleine Stadt
Der Dussel hatte sich also zweimal am selben Tag erwischen lassen, einmal auf der Hinfahrt und noch mal auf der Rückfahrt.

Warum, um alles in der Welt, schreiben die nicht einfach:
Betreff: Schwarzfahren.
Sie sind am soundsovielten um die und die Uhrzeit beim Schwarzfahren erwischt worden. Und zwar im Zug von der kleinen Stadt in die große Stadt, und noch mal auf dem Rückweg von großen in die kleine Stadt. So etwas nennt man bei uns „Erschleichen von Leistungen". Und das ist nach dem Gesetz mit dem Paragraphen xyz bei uns verboten.
Sie können uns dazu etwas sagen, also eine Stellungnahme abgeben. Wenn Sie der Meinung sind, dass das alles nicht stimmt, dann müssen Sie uns Beweise vorlegen.

Alagie hätte meine Dienste nicht gebraucht.

Aber noch etwas anderes treibt mich um.

„Alagie, du fährst doch gerade jeden Tag zur Berufsschule. Hast du keine Regio-Karte?"

„Doch, hab ich. Aber die musste ich meinem Bruder geben."

„Deinem Bruder? Deinem richtigen Bruder? Lebt der auch hier?"

Für Afrikaner ist der Begriff „Bruder" äußerst dehnbar. Als Brüder und Schwestern werden zunächst mal alle etwa Gleichaltrigen einer Großfamilie bezeichnet, also sämtliche Cousins und Cousinen. Dann alle, die aus demselben Ort oder Land kommen, wie man selbst. Schließlich treffen diese Begriffe auf alle Schwarzen aus Afrika zu. Und am Ende auf die Schwarzen dieser Welt, insbesondere dann, wenn es um Rassismus geht.

„Nicht mein Bruder, so wie ihr das versteht", meint Alagie, „aber er ist mein Bruder. Und da muss ich ihm doch helfen."

„Du fährst schwarz, damit er mit deiner Karte herumfahren kann? Warum kauft der sich nicht selbst ein Ticket?"

„Foday hat kein Geld mehr. Die haben das gekürzt. Da beim Ausländeramt. Er bekommt nur noch 152 Euro im Monat. Er kann kein Ticket bezahlen."

„Der Foday? Dein Kumpel? Der hat doch einen ganz guten Job. Warum hat der kein Geld?"

„Jetzt hat er Arbeitsverbot und bekommt nur noch ganz wenig Geld vom Sozialamt."

„Und warum hat er ein Arbeitsverbot?"

„Hat keinen Pass abgegeben. Und keine anderen Papiere. Hat keine mehr. Alles auf der Flucht verloren."

Ich bin langsam so lange in diesem ehrenamtlichen Job, dass ich meine Pappenheimer kenne.

„Und warum besorgt er sich keine Geburtsurkunde aus Gambia? Ich weiß, dass das geht. Du weißt es auch, dass das geht. Und Foday weiß es auch. Wie oft haben wir euch schon gesagt: Legt eure Papiere vor, sonst kassiert ihr Arbeitsverbote und Leistungskürzungen."

„Wenn er Papiere vorlegt, wird er abgeschoben. Dann hat die Ausländerbehörde den Beweis, dass er aus Gambia kommt. Und dann können sie ihn nach Gambia abschieben."

Das große Dilemma: Wenn ein Antrag auf Asyl abgelehnt wird, dann muss der abgelehnte Asylbewerber eigentlich unser Land verlassen. Tut er das nicht, dann möchte unser Staat ihn abschieben. Aber wohin? Natürlich in sein Heimatland. Aber welches ist das Heimatland? Jeder und jede kann behaupten, sie oder er sei aus dem Irak, er oder sie sei aus Nigeria. Der deutsche Staat muss eindeutige Belege beibringen, dass jemand Irakerin oder Nigerianer ist. Sonst nimmt ihn das Herkunftsland schlicht und einfach nicht wieder auf.

Menschen nach Gutdünken in irgendein gemutmaßtes Heimatland zurückzuschicken, verbietet sich durch die UN-Menschenrechtskonvention. Denn Staatenlose sind in der Regel auch komplett rechtlos. Sie haben in keinem Land der Welt irgendwelche Ansprüche – auf Gesundheitsversorgung, auf Bildung, auf den Erwerb von Land und Eigentum, auf eine Erwerbstätigkeit oder den Schutz durch Ordnungskräfte.

Darum muss der deutsche Staat – will er denn abschieben – die Identität und die Nationalität der Abzuschiebenden eindeutig klären. Aber auch aus Sicherheitsgründen: Kein Staat dieser Erde kann es hinnehmen, dass sich auf seinem Territorium Menschen aufhalten, von denen keiner weiß, wer sie eigentlich sind. Deshalb sollen die abgelehnten Asylbewerber Pässe, Geburtsurkunden, Führerschein oder sonstige Originaldokumente vorlegen und abgeben. Über den Abgelehnten schwebt damit aber auch das Damoklesschwert der Abschiebung. Sie geben ihre Papiere nicht ab und kassieren lieber Sanktionen wie Arbeitsverbote und Leistungskürzungen.

Nun muss ich Alagie noch einmal ins Gebet nehmen: „Ist dir eigentlich klar, dass du mit dieser Schwarzfahrerei deine Ausbildungsduldung riskierst?"
„Wegen dem Schwarzfahren?" Er verzieht skeptisch das Gesicht und grinst dann breit. „Ich fahre immer Schwarz, guck mich doch mal an. Wir fahren alle immer Schwarz. Wie soll ein Schwarzer denn weiß fahren?"
„Wegen des Erschleichens von Leistungen. Das ist ein Genitiv, und was für einer. Wenn sie dich noch ein paar Mal erwischen beim Erschleichen von Leistungen, dann hast du ganz schnell eine Strafe von 50 Tagessätzen beieinander. Das reicht dann, dass du als Straftäter giltst. Dann ist die Ausbildungsduldung futsch."
Ich weiß nicht, ob Schwarze bleich werden können. Aber ich glaube schon. Der dunkle, warme Hautton wechselt zu einem aschigen, fahlen Schwarzbraun.

Der Gesetzgeber hat widerwillig ein paar kleine Schlupflöcher in das Ausländerrecht eingebaut, um es sich nicht mit Handwerkern und anderen Arbeitgebern zu verderben, die händeringend nach Nachwuchs suchen, der sich auch in weniger attraktiven Berufen wie Bäcker, Koch oder Maurer oder in Mangelberufen wie Altenpfleger ausbilden lässt. Schlupflöcher für abgelehnte Asylbewerber, die eigentlich das Land verlassen müssten, aber durch Ausbildung oder eine feste Beschäftigung das Recht bekommen, nicht abgeschoben zu werden. Ich weiß noch genau, wie glücklich Alagie war, als er endlich diesen Ausweis in Händen hielt, der ihn wieder ruhig schlafen ließ. Ihm wurde offenbar erst jetzt bewusst, was er da riskiert hatte.

Tretminen

Schlecht geschlafen hatte er, seit er diesen gelben Brief vom Amt in Händen gehalten hatte: Der Bescheid vom Bundesamt für Migration und Flüchtlinge. Hier tritt dem Asylbewerber in den Briefen vom Amt das Beamtendeutsch in seiner Vollendung entgegen. Die schlimmsten sind die gelben mit dem vermerkten Datum der Zustellung. Sie sind wie Tretminen. Und eigentlich müsste in riesigen Lettern draufgedruckt sein „Achtung: Frist!".

Lamin sagte mir mal: „Die kommen immer am Freitag. Damit wollen sie uns das Wochenende versauen. Ich gehe nur noch freitags an den Briefkasten."

Auf keinen Fall aber sollte man sie ignorieren. Wie so mancher, der verzweifelt bei der Integrationsmanagerin aufschlägt und klagt, dass er keine Arbeitserlaubnis bekommt und den Job verliert und dass man ihm die Bezüge gekürzt hat. Worauf die Integrationsmanagerin bei der Ausländerbehörde anruft und erfährt, dass der Flüchtling ein bestimmtes Dokument nicht fristgerecht abgegeben hat und man ihm schon vor vier Wochen einen gelben Brief geschickt hat, mit dem er genau dazu aufgefordert worden war. „Wo ist dieser Brief? Hast du den bekommen?"

Wie ein Kind, das sich die Augen zuhält, um etwas, das ihm Angst macht, für nicht existent zu erklären, stottert der Flüchtling herum: „Hab ich bekommen, aber nicht aufgemacht." Es könnte ja drin stehen, dass man abgeschoben wird. Und so kommen die Leute in einen Riesenschlamassel.

Raja hat deshalb Musa eingebläut, jeden Tag den Briefkasten zu leeren, solange sie selbst im Urlaub ist. Falls er Post bekommt, soll er die zu Cordula bringen. Denn Musa, der virtuos warme Wollmützen häkelt und von sich selbst sagt, dass sein Kopf dumm sei, wäre durchaus ein Kandidat dafür, wichtige Briefe lieber wegzuwerfen, weil sie unangenehme Inhalte haben könnten. Musa ist untergebracht in einem der Gästezimmer von Raja, die beim Organisieren des Kochprojekts eng mit Cordula zusammenarbeitet.

Am ersten Tag von Rajas Urlaub bringt Musa Prospekte von EDEKA und REWE zu Cordula. Am zweiten Tag bringt er ihr einen privaten, an Raja adressierten Brief. Am dritten liefert er das lokale Anzeigenblättchen ab und am vierten Rajas Post von der Sparkasse und den Werbezettel eines Pizza-Services. Ein Brief an ihn war in dieser Woche zum Glück nicht dabei.

Die meisten aber begreifen schnell: Briefe vom Amt muss man aufmachen, lesen und verstehen. Doch da fängt das Elend an. Denn wer versteht schon Briefe vom Amt? Mit zitternden Händen überreicht dir jemand einen achtseitigen Brief vom Bundesamt für Migration und Flüchtlinge und fragt mit brüchiger Stimme: „Positiv oder negativ?"

„Die Flüchtlingseigenschaft wird nicht zuerkannt."
Wieder so ein grauenhaftes deutsches Wort: *Flüchtlingseigenschaft.*
„Der subsidiäre Schutzstatus wird nicht zuerkannt."
Was ist ein subsidiärer Schutzstatus? Das musste ich beim ersten Brief dieser Art zunächst mal googeln. Den sogenannten subsidi-

ären Schutz bekommen Flüchtlinge, wenn ihr Leben oder ihre Unversehrtheit durch einen internationalen oder innerstaatlichen bewaffneten Konflikt bedroht ist.

„Der Antragsteller wird aufgefordert, die Bundesrepublik Deutschland innerhalb von 30 Tagen (...) zu verlassen."
„Du bekommst kein Asyl, Hasan. Und auch sonst keinen Schutz."
„Aber warum? Abdoula hat positiv. Kann bleiben. Warum ich nicht?" Die Welt bricht aus den Fugen.
„Sie sagen, du musst raus aus Deutschland. Zurück nach Afghanistan."
„Zurück? Wohin?"
Ja, wohin, wenn das eigene Haus in Kriegshandlungen zerstört worden ist und die ganze Familie in alle Winde zerstreut wurde? Und warum wird der eine Afghane als Flüchtling anerkannt und der andere nicht?

Ich lese die Begründung. Fast alle Passagen muss ich zweimal oder öfter lesen, um zu begreifen, was da geschrieben steht. Zum einen wegen der verklausulierten Juristensprache. Aber auch inhaltlich kann ich manches nicht fassen. Und leider versteht man es auch nur dann annähernd, wenn man sich den Originaltext antut.

„Die Antragsteller müssen keine ernsthafte individuelle Bedrohung ihres Lebens oder ihrer Unversehrtheit befürchten, weil sie als Zivilpersonen nicht von willkürlicher Gewalt im Rahmen eines im Herkunftsland bestehenden innerstaatlichen bewaffneten Konflikts betroffen sind.
Zwar ist davon auszugehen, dass in Afghanistan ein innerstaatlicher bewaffneter Konflikt besteht oder zumindest nicht ausgeschlossen werden kann (...).

Es drohen Ihnen jedoch bei der Rückkehr nach Afghanistan aufgrund der dortigen Situation keine erheblichen individuellen Gefahren aufgrund willkürlicher Gewalt.

Als willkürliche Gewalt sind dabei zunächst Gewaltakte zu verstehen, die wahllos erfolgen und dabei nicht zwischen zivilen und militärischen Zielen unterscheiden oder die Zivilbevölkerung gezielt oder aufgrund der verwendeten Mittel und Methoden in unverhältnismäßiger Weise treffen."

Ins Deutsche übersetzt: In Afghanistan gibt es zwar einen Bürgerkrieg, aber weil die Schutzsuchenden Zivilisten sind, müssen sie keine willkürliche Gewalt befürchten. Willkürliche Gewalt müssten sie ja nur dann befürchten, wenn die Taliban auch die Zivilbevölkerung terrorisieren und umbringen würde. Ich frage mich: Tun sie das nicht sogar gezielt? Als Kriegsstrategie, um die Bevölkerung massiv einzuschüchtern?

Wenn Sie, liebe Leserin, lieber Leser, echte Herausforderungen lieben, dann lesen Sie auch noch folgende Begründung: „Eine relevante Gefahrenlage wäre anzunehmen, wenn der den bestehenden bewaffneten Konflikt kennzeichnende Grad willkürlicher Gewalt nach der Beurteilung der zuständigen nationalen Behörden ein so hohes Niveau erreicht, dass stichhaltige Gründe für die Annahme bestehen, dass eine Zivilperson bei Rückkehr in das betreffende Land oder gegebenenfalls in die betroffene Region allein durch ihre Anwesenheit im Gebiet des Landes oder dieser Region tatsächlich Gefahr liefe, einer ernsthaften individuellen Bedrohung ausgesetzt zu sein. Der Grad willkürlicher Gewalt, der vorliegen muss, kann aber umso geringer sein, je mehr der Schutzsuchende möglicherweise belegen kann, dass er aufgrund von in seiner persönlichen Situation liegenden Umständen spezifisch betroffen ist (...)."

Können Sie nachvollziehen, dass selbst ein Flüchtling auf dem höchsten Sprachniveau C1 keinerlei Chance hat, dies zu verstehen?

Auf den folgenden Seiten des achtseitigen Bescheids wird etwas klarer, dass es um die „Bemessung einer Gefahrendichte" geht. Zu Deutsch: Man rechnet aus, wie hoch das Risiko ist, einem Terroranschlag der Taliban zum Opfer zu fallen oder von ihnen einfach erschossen zu werden. Und das geht so (ich übersetze gleich in ein verständliches Deutsch):

Man vermerkt, dass es in Afghanistan 2014 landesweit circa 10.500 zivile Opfer gegeben hat. Im Jahr 2015 ist die Zahl der zivilen Opfer um vier Prozent gestiegen. In manchen Regionen ist die Opferzahl aber gesunken, in anderen dagegen gestiegen. Und nun wird ausgerechnet, wie hoch die „Gefahrendichte" ist. In manchen Regionen ist die Gefahr, in kriegerischen und terroristischen Angriffen der Taliban ums Leben zu kommen oder verletzt zu werden rein statistisch etwas höher, in anderen etwas niedriger. Ist die „Gefahrendichte" nicht hoch genug, kann man die Leute nach Afghanistan zurückschicken.

Man kann also nicht einfach sagen: „Ich habe miterlebt, wie das Haus meines Onkels von den Taliban zerstört worden ist, weil er im Straßenbau für eine amerikanische Firma gearbeitet hat. Ich habe in Kabul die Detonation des Anschlags der Taliban so laut gehört, dass ich dachte, das Trommelfell sei mir geplatzt. Und wenn ich nur eine Minute früher dort gewesen wäre, wo ich hinwollte, dann würde ich jetzt nicht mehr leben. Ich habe Angst bekommen um meine Frau und meine Kinder. Wir konnten vor Angst nicht mehr schlafen. Deshalb sind wir gegangen."

Nein, man muss sagen: „In der Provinz, in der ich gelebt habe, sind so und so viel Prozent der Zivilisten ums Leben gekommen, sodass die Gefahrendichte – wie immer die gemessen wird – so hoch ist, dass meine Flucht gerechtfertigt war."

Übrigens: 60 Prozent aller negativen Bescheide vom Bundesamt für Migration und Flüchtlinge, mit denen der Schutz von afghanischen Flüchtlingen abgelehnt wird, werden von den Gerichten gekippt. Die Richter und Richterinnen entscheiden, dass man nach unseren Gesetzen die Menschen nicht in das Bürgerkriegsland zurückschicken darf.

Im Juli 2018, am 69. Geburtstag des (damaligen) Bundesinnenministers, wurden 69 Afghanen in das Kriegsland abgeschoben, angeblich alles Straftäter. Nach Recherchen von deutschen Journalisten waren davon jedoch mindestens 50 unbescholten und viele bereits gut integriert und berufstätig. Das ganze Büffeln von Vokabeln, Deklinationen und unregelmäßigen Verben und unsere Plackerei als Deutsch-für-Ausländer-Lehrer – alles war für die Katz.

Vielleicht aber auch doch nicht. Denn zweieinhalb Jahre später sind mindestens fünf der Afghanen wieder in Deutschland. Sie haben die hohen Hürden des neuen Einwanderungsgesetzes genommen: Sie sprechen gut Deutsch, haben einen Ausbildungsvertrag und brauchen keine staatliche Unterstützung. Sie arbeiten als Elektroniker, Hotelfachleute und Maler. Sie haben in prekären, manchmal auch gefährlichen Umständen die zwei Jahre hinter sich gebracht, in denen man nach einer Abschiebung keinen Fuß mehr auf deutschen Boden setzen darf. Und sie haben über Spenden aus Deutschland 5.000 Euro an den deutschen Staat gezahlt, die Kosten für ihre Abschiebung.

Die ganz normale Asyl-Narretei

Afghanistan ist beileibe kein Sonderfall. Vier Jahre lang war ein junger Mann aus Somalia bei einer Holzbau-Firma angestellt gewesen. Sein Deutsch war dank der unermüdlichen Bemühungen eines Deutsch-als-Fremdsprache-Lehrers mittlerweile so gut, dass der Chef drauf und dran war, einen Ausbildungsvertrag mit ihm zu unterschreiben. Dann kam er eines Morgens zur Arbeit. Der Chef fing ihn ab. „Die Polizei ist da. Die wollen dich mitnehmen." Der Somalier nahm die Füße unter den Arm. Er ist untergetaucht, und niemand – weder Chef noch Kollegen noch Freunde und Ehrenamtliche aus dem Asylarbeitskreis – wissen, wo er seither steckt.

Eine albanische Familie, die schon einige Jahre hier lebt, wird abgeschoben. Uniformierte holen die Kinder, die schon fast perfekt Deutsch sprechen, in der Schule und im Kinderhaus ab, den Vater und die Mutter zuhause. Beide Eltern sind Krankenpfleger, können sich aufgrund von Deutschkursen problemlos verständigen und verdienen längst den gesamten Lebensunterhalt selbst. Der Arbeitgeber versteht angesichts des Pflegekraftmangels die Welt nicht mehr.

Zweieinhalb Jahre lang war ein dreiunddreißig-jähriger Nigerianer ein geachteter, bei den Gästen beliebter Mitarbeiter bei einem großen renommierten Kongress- und Tagungshaus mit Restaurant in Konstanz am schönen Bodensee. Ohne Vorwarnung wird er von der Polizei festgesetzt und trotz Protesten von Arbeitgeber und Kollegen drei Tage später nach Nigeria ausgeflogen. Sein Chef, Mitglied derselben Partei wie der Landesinnenminister, der die Abschiebung zu verantworten hat, ist so sauer, dass er das Mandat als Stadtrat seiner Partei umgehend ruhen lässt. Sämtliche Gemeinderatsfraktionen in Konstanz stellen sich mit einem offenen Brief hinter ihn.

Das Damoklesschwert der Abschiebung hängt also nicht nur über den abgelehnten Asylbewerbern, sondern auch über deren Arbeitgebern, denen man von heute auf morgen die Mitarbeiter ausspannt und die nicht wissen, wie sie bei dem Arbeitskräftemangel ihre Lehr- und Arbeitsstellen besetzen sollen, vor allem dann nicht, wenn es um weniger attraktive Tätigkeiten geht.

Auch das Deutsch in den Begründungen des Bundesamtes für Migration und Flüchtlinge, wenn Afghanen abgelehnt werden, ist kein Ausrutscher. Einen subsidiären Schutz kann ein Flüchtling auch dann bekommen, wenn einem im Heimatland die Verhängung oder Vollstreckung der Todesstrafe droht oder man Folter oder unmenschliche oder erniedrigende Behandlung oder Bestrafung befürchten muss.

Und nun lese ich in einem ablehnenden Bescheid des Bundesamtes für Migration und Flüchtlinge, wie das genau mit der Todesstrafe verstanden werden muss:

„Dem Antragsteller droht in seinem Heimatland nicht die Vollstreckung oder Verhängung der Todesstrafe.
Die Todesstrafe ist die gesetzlich erlaubte Tötung eines Menschen. Eine Todesstrafe kann nach heutiger europäischer Rechtsauffassung nur Ergebnis eines gesetzlich genau festgelegten und kontrollierten Rechtsverfahrens sein. Sie setzt insbesondere Gesetze voraus, die Straftatbestände definieren, für die die Todesstrafe vorgesehen ist. Das gesamte Verfahren kann nur als legal gelten, wenn es von bevollmächtigten Vertretern eines Staates vollzogen wird (vgl. www.juraforum.de/lexikon/todesstrafe, [...]).

Daher ist als Voraussetzung des §4 Abs. 1 Nr. 1 AsylG ein staatlicher, gesetzlich legitimierter Verursacher zu fordern, auch wenn § 4 Abs. 3 AsylG unter anderem auf § 3c AsylG verweist und somit ein ernsthafter Schaden auch von nichtstaatlichen Akteuren (§ 3c Abs. 1 Nr. 3 AsylG) ausgehen kann. Die Verhängung oder Vollstreckung der Todesstrafe kann jedoch nur von staatlichen Akteuren legitimiert und vollzogen werden."

In dem afrikanischen Land, aus dem der Asylbewerber kommt, der diesen Bescheid bekommen hat, gibt es eine gesetzlich geregelte Todesstrafe. Wenn ein vom Diktator eingesetzter Richter sie verhängt, dann wird der Verurteilte von staatlichen Akteuren exekutiert. Das ist dann nach europäischer Rechtsauffassung eine „echte" Todesstrafe.

Daneben gibt es in dem afrikanischen Land noch einen Geheimdienst, eine Abteilung der Polizei. Diese Geheimdienstler nehmen auf Anweisung des Diktators willkürlich Leute fest. Zum Beispiel Journalisten, die ein kritisches Wort gewagt haben. Oder Mitglieder einer Oppositionspartei. Oder Geschäftsleute, deren Hab und Gut sich der Diktator unter die Nägel reißen will. Sie alle verschwinden in den Katakomben eines berüchtigten Gefängnisses. Für Tage oder Wochen. Auch ohne die Anordnung eines vom Diktator eingesetzten Richters. Sie werden mit Elektroschocks und heißem Öl gefoltert und mit Eisenstangen geschlagen und, wenn sie Pech haben, zu Tode geprügelt. Danach erst kommt die offizielle Anklage. Oder man lässt sie laufen und sie verschwinden so schnell sie können ins Ausland. Und dann gibt es noch eine berüchtigte Sondereinheit des Militärs. Diejenigen, die sie sich holen, tauchen nie wieder auf. Es gibt Gerüchte, dass ihre Leichen an die Krokodile im Pool des Diktators verfüttert werden.

Zu dumm, dass sich die Diktatoren dieser Welt nicht an die europäische Rechtsauffassung halten. Pech für den afrikanischen Asylbewerber. Sein Asylantrag wird abgelehnt.

Wie ich schon sagte: Jeder von uns Ehrenamtlichen hat schon solche Briefe gesehen. Das Kochprojekt war eine beliebte Anlaufstelle für die Ratsuchenden und Verzweifelten. Cordula ging dann mit ihnen in ein ruhiges Zimmer und sprach die Bescheide mit ihnen durch. So auch den des Iraners Mohsen. Auch er bekommt kein Asyl. Obwohl er in der Anhörung unmissverständlich ausgesagt hat, dass er mit den religiösen Repressalien der Mullahs nicht zurechtkommt, die jede Freiheit und jedes Vergnügen unterbinden und bestrafen wollen. Der Iran gehört zu den Ländern mit den meisten Hinrichtungen pro Jahr – etwa 800 bis fast 1.000 jährlich in den Jahren 2013, 2014 und 2015. In absoluten Zahlen rangiert er an zweiter Stelle nach China. Sie werden oft öffentlich vollstreckt, zumeist durch Hängen. Aber auch Steinigungen sind möglich. Im Jahr 2019 wurden 200 Menschen, die sich in irgendeiner Art für die Menschenrechte eingesetzt hatten, willkürlich verhaftet und oft zu Gefängnis- oder Prügelstrafen verurteilt. Das islamische Strafgesetz schreibt Körperstrafen vor, zum Beispiel Peitschenhiebe, Blendungen und Amputationen. Prügelstrafen, aber auch die Todesstrafe werden für „Vergehen" verhängt wie bestimmte sexuelle Beziehungen, „Beleidigung des Propheten", oder die „Förderung von Verdorbenheit auf Erden".

„Also", erklärt ihm Cordula den deutsch-juristischen Kauderwelsch, „sie sagen, dass du nur nach Deutschland gekommen bist, um Party zu machen und um Spaß zu haben."
„Um Party zu machen und Spaß zu haben?" Mohsen kann es nicht fassen. „Iraner finden einen Weg im Iran, um Spaß zu haben und Partys zu veranstalten. Das ist überhaupt kein Problem.

Man muss aufpassen, dass es die Sittenwächter nicht mitbekommen. Man macht das in seinem privaten Bereich und in der Natur. Und es ist viel leichter im Iran Spaß zu haben als in Deutschland. Denn in Deutschland gibt es viele Vorschriften. Man kann nicht einfach in die Natur fahren, ein Zelt aufstellen, ein Feuer machen, singen und tanzen. Denn in Deutschland gibt es einen Ort zum Party machen, das ist die Disco. Und es gibt einen Ort zum Grillen. Das ist der Grillplatz, und es gibt einen Ort zum Campen, das ist der Campingplatz."

Kein Brief vom Amt kann aber auch doof sein.

Halim war gerade fünfzehn geworden, als er in Deutschland ankam. Seine Familie stammt von Palästinensern ab, die im ersten arabisch-israelischen Krieg 1948 alles verloren hatten und wie viele Tausende nach fast zehnjähriger Odyssee im Flüchtlingslager Al-Jarmuk im Süden von Damaskus landeten. In den folgenden Jahrzehnten hat sich Jarmuk zu einem fast normalen, lebendigen Wohn- und Geschäftsviertel am Rand der syrischen Hauptstadt entwickelt.

Bis 2013. Das ehemalige Flüchtlingslager wird vom Bürgerkrieg in Syrien so heftig getroffen wie kaum ein anderer Ort. Nachdem sich viele Palästinenser der Freien Syrischen Armee anschließen und gegen Diktator Baschar al-Assad opponieren, wird das Viertel vom Regime bombardiert und hermetisch abgeriegelt. Häuser und Straßen werden in Schutt und Asche gelegt.

Die Bevölkerung wird ausgehungert. Es gibt Hungertote. Als sich Rebellen und palästinensische Bürgerwehren mit den Regierungstruppen endlich einigen, eine entmilitarisierte Zone einzurichten, wird Jarmuk Anfang 2015 von Dschihadisten des IS eingeschlossen und nach und nach besetzt. Niemand darf rein oder raus. Es gibt kein Wasser, keinen Strom, keine Lebensmittel, keine medizinische Versorgung. Die Gewalt herrscht. Die syrischen Truppen und palästinensische Milizen leisten erbittert Widerstand und drängen den IS zurück. Armeeflugzeuge bombardieren Jarmuk und zerstören, was der IS übriggelassen hat. Der damalige UN-Generalsekretär Ban Ki Moon nennt Jarmuk ein „Todeslager": „Im syrischen Horror ist Jarmuk das schwärzeste Loch der Hölle."

Das war Halims Kindheit.

Irgendwie schafft es die Familie Al-Hussein raus aus der Hölle. Von einer kleinen Wohnung im fünften Stock, in der sie mit drei anderen Familien Unterschlupf gefunden hatten, können sie beobachten, wie in einem Kilometer Entfernung die Bomben einschlagen. Die Detonationen kommen bedrohlich nah. Die Eltern beschließen, die Kinder fortzuschicken, eines nach dem anderen. Es ist überall besser als in Syrien. Zuletzt wird auch Halim auf den Weg geschickt. Er landet tatsächlich wohlbehalten in Deutschland und wird von einer Pflegefamilie aufgenommen.

In Deutschland nun steht die Familie unter einem besonderen Schutz. Man weiß darüber hinaus, welche erhebliche Belastung die Trennung von der Familie gerade für minderjährige Kriegsflüchtlinge mit traumatischen Erlebnissen darstellt. Deshalb wird diesen Minderjährigen erlaubt, die engsten Familienmitglieder, auch Mutter und Vater, nachzuholen. Als Fünfzehnjähriger stellt Halim den Antrag. Drei Jahre lang bohrt er immer wieder nach, unterstützt von Pflegeeltern und Anwalt. Er lernt das deutsche Wort „*Untätigkeitsklage*". Wie es seinen Eltern wirklich geht, die – das Haus und Büro zerbombt, der Vater ein Architekt, die Mutter Arabischlehrerin – jeglicher Existenzgrundlage beraubt sind, das mag er sich kaum vorstellen. Doch der Brief vom Amt kommt nicht.

Ein Freund und Weggefährte auf der Flucht, mit fast derselben Geschichte, wird achtzehn, und der Brief mit der Genehmigung des Familiennachzugs ist immer noch nicht gekommen. Damit hat es sich aber auch erledigt für das Amt. Denn der Antragsteller ist ja nun volljährig. Zwei Monate bevor auch Halim volljährig wird, kommt endlich die Erlösung. Mutter und Vater dürfen nach Deutschland. Halim macht demnächst sein deutsches Abitur.

Der Schutz der Familie ist generell ein schwieriges Thema für Flüchtlinge. Irgendwann ruft mich Erhard an, ein durchaus in sich ruhender Charakter. Jetzt aber ist er außer sich. Schon längere Zeit unterstützt er ein Paar aus Eritrea beim Deutschlernen. Hawi beginnt demnächst eine Ausbildung, mit der er seine Angehörigen dann ernähren kann. Ayana versorgt die beiden Kinder und den Haushalt, in einem älteren Haus mit einer Wohnung, die wie aus den fünfziger Jahren wirkt, aber blitzsauber und liebevoll eingerichtet ist. In dem kleinen, schnuckligen Ort am Fuß des Schwarzwalds kennen die Leute sie schon, viele grüßen freundlich oder bieten sogar Hilfe an.

„Sie wollen Ayana nach Italien abschieben, mitsamt der kleinen Tochter und dem Neugeborenen. Und jetzt erfahre ich, dass die beiden gar nicht verheiratet sind." Der Bescheid vom Bundesamt für Migration und Flüchtlinge besagt, dass Ayana in Deutschland keinen Antrag auf Asyl stellen kann, weil sie Europa in Italien betreten hat und deshalb dorthin zurück muss, ohne Unterkunft und ohne irgendeine Versorgung. Ayana und Hawi haben in Eritrea geheiratet.

In Eritrea werden aber Geburten und Ehen überwiegend nur kirchlich registriert und sind nicht immer ins staatliche Register eingetragen. Also sind die beiden für deutsche Behörden nicht verheiratet. Sie könnten in Deutschland noch mal offiziell heiraten – wenn sie gültige Ausweispapiere hätten. Die haben sie aber nicht. Sie könnten welche bekommen, wenn sie zur eritreischen Botschaft nach Berlin gehen würden.

Dort bekommen sie allerdings nur dann Papiere, wenn sie lebenslang zwei Prozent ihres Einkommens an den eritreischen Staat zahlen und eine Erklärung unterschreiben, dass sie die Flucht bereuen. Was daraufhin mit zurückgebliebenen Angehörigen geschieht, dazu gibt es diverse Gräuelgeschichten. Gerichte haben daher entschieden, dass die deutschen Behörden von Eritreern nicht verlangen dürfen zur eritreischen Botschaft zu gehen, um Ausweispapiere zu bekommen.

Dazu muss man wissen, dass in Eritrea eine perfide Form der Diktatur herrscht. Das Land nimmt in der Rangliste der Pressefreiheit Platz 179 ein, und damit den vorletzten Platz vor Nordkorea. Es gibt nur eine Zeitung – die der Regierung. Und sie schreibt nur, was dem seit 27 Jahren ohne Wahlen und ohne Verfassung regierenden Präsidenten gefällt, zumeist nichtssagende Regierungsverlautbarungen. Eritrea ist nach Aussagen von Menschenrechtsorganisationen ein hermetisch abgeschotteter Polizeistaat. Im Jahr 2015 konstatierte ein UNHCR-Bericht „systematische, weit verbreitete und schwere Menschenrechtsverletzungen". Willkürliche Tötungen und Verhaftungen, erzwungenes Verschwindenlassen und Folter gehören zum Repertoire des Regimes.

Eine besondere Monstrosität in Eritrea ist der niemals endende Militär- oder Nationaldienst. Die Bürger Eritreas, ob Mann oder Frau, werden mit 18 Jahren zum Militär eingezogen und einfach nicht mehr entlassen. Es ist ein ganzes Volk, das kaserniert wird und Zwangsarbeit ableisten muss. Man dient dem Regime und hat keinerlei individuelle Freiheiten. In der Regel werden Flüchtlinge aus Eritrea deshalb auch immer anerkannt und bekommen einen Schutzstatus.

Aber Ayana und Hawi stehen ohne eritreische Papiere da, ohne die die deutschen Behörden sie nicht heiraten lassen wollen. Und damit bekommen Ayana und Hawi und ihre beiden kleinen Mädchen auch nicht den Schutz der Familie, der in Deutschland ansonsten sehr hochgehalten wird. Man kann sie auseinanderreißen.

„Erhard, Ayana muss Einspruch einlegen. Sie muss so schnell wie möglich zur Rechtshilfe gehen. Die helfen ihr, eine Klage gegen den Bescheid einzulegen. Schau dir die letzte Seite des Bescheides an. Dort steht, bis wann ein Einspruch gegen die Entscheidung noch möglich ist."

Omar, dem ich die ersten Brocken Deutsch beigebracht habe, damit er an Weihnachten eine Lobrede auf den Hausmeister halten konnte, sagte mir vor kurzem: „Diese Briefe vom Amt sind nur Blablabla. Acht Seiten lang schreiben sie über Gesetze, die niemand versteht. Drei Sätze gibt es im gelben Brief. Die sind wichtig. Die musst du finden."
„Und die findest du mittlerweile?"
„Ja, ich finde sie."

Ich weiß bis heute nicht, wie es ihm gelingt, in den vielen Seiten mit endlosen Erklärungen von Gesetzen und Vorschriften diese drei Sätze zu finden. Aber eine dieser Seiten wird mit Sicherheit die letzte des Bescheides sein. Denn dort steht das schöne deutsche Wort „Rechtsbehelfsbelehrung".

Deutschland ist nun mal ein Rechtsstaat. Daher hat jede Frau und jeder Mann, woher auch immer sie kommen, das Recht, gegen solche Bescheide Einspruch einzulegen. Und genau das haben viele getan, die solche gelben Briefe bekommen haben. Zunächst wurden die Rechtsanwaltskanzleien, die sich mit Asyl- und Ausländerrecht auskannten, regelrecht überrannt, schon weil ja niemand die juristischen Sprachmonster der gelben Briefe verstand. Alle Flüchtlinge, alle Flüchtlingsunterstützer, alle Sozialarbeiterinnen und Integrationsmanager, ja selbst die Verwaltungsmitarbeiter in den Ausländerbehörden waren zunächst komplett überfordert. Das Einzige, was man begriff war, dass hiervon Schicksale abhingen.

Die Leute gingen aus Not und Ahnungslosigkeit auch zu Rechtsanwälten, die von Asyl- und Ausländersachen keine Ahnung hatten und ein gutes Geschäft witterten. Dort zahlten Asylsuchende, die keine 500 Euro monatlich für den Lebensunterhalt hatten, dann 250 Euro für eine Erstberatung und 800 Euro für die formale Einreichung einer Klage gegen den Bescheid, und damit Summen, die sie über Monate und gar Jahre abstottern mussten, ohne dass diese Anwälte ihnen richtig helfen konnten.

Es wurden überall ehrenamtliche Rechtsberatungen eingerichtet, zumeist durch Studierende der Juristerei, die die einfacheren Eingaben umsonst machten. Mit der Zeit verstanden Flüchtlinge wie Omar, aus dem juristischen Wörtersumpf die entscheidenden Inhalte herauszufiltern, und wir Deutschen verstanden nach und nach, dass diese Bescheide zu 89 Prozent mit immer gleichbleibenden Copy-and-Paste-Phrasen gefüllt wurden und nur im kleinsten Teil auf die persönliche Geschichte des Asylbewerbers einging. Das Ganze führte zu einer riesigen Klagewelle.

Die Verwaltungsgerichte wurden geflutet mit Einsprüchen. Noch heute stapeln sich die nicht entschiedenen Fälle. Und so mancher, der vor fünf Jahren den gelben Brief vom Amt bekommen hat, wartet noch immer auf die endgültige Entscheidung eines Gerichtes und hat zwischenzeitlich bereits die Berufsausbildung beendet. So muss es kommen, wenn man die deutsche Sprache den Bürokraten und Juristen überlässt.

Berufsschul-Deutsch

Ja, die Ausbildung. Für nicht wenige Flüchtlinge war das die Erfüllung aller Träume. Dort, wo sie herkamen, ein Ding der Unmöglichkeit, angesichts der katastrophalen Bildungssysteme. Aber in Deutschland, wo die besten Produkte der Welt mit den besten Maschinen der Welt (mal abgesehen von der Schweiz) hergestellt werden, wo man wie nirgendwo sonst lernt, Arbeit effizient zu planen und auszuführen, dort einen Beruf zu erlernen, das war das Nonplusultra.

Und sie wurden gebraucht. Das sonst recht konservative Handwerk entpuppte sich an vorderster Front als Triebkraft der Integration. Flüchtlinge wurden eingestellt. Der Facharbeitermangel und die Unlust der deutschen Jugendlichen, sich mit schweren, schmutzigen, freizeiteinschränkenden Tätigkeiten zu befassen, machten es zur Notwendigkeit. Und die meisten geflüchteten Azubis stellen sich ausgesprochen geschickt an, wenn es um die Arbeiten im Betrieb geht. Handwerklich begabt, oft intelligenter als es ihre schulischen Werdegänge vermuten lassen, gut im Improvisieren – das haben sie in den Heimatländern gelernt – waren und sind sie in vielen Betrieben willkommen. Oft autoritär erzogen, mucken sie zudem nicht auf.

Alles wäre gut, wenn da nicht die Berufsschule wäre. Aber die ist es ja gerade, die unser deutsches Berufsausbildungssystem einmalig macht und das hohe Niveau unserer Handwerker und Dienstleister garantiert. Eigentlich ist es ja auch gar nicht die Berufsschule, sondern mal wieder diese vertrackte Sprache. Hinzu kommt: Niemand nimmt mehr Rücksicht auf einen unvollständigen Wortschatz. Es sind nicht mehr Sprachlehrbücher, die verstanden werden müssen, sondern Lehrbücher für Wirtschaftskunde, für Warenwirtschaft, für Logistik, Fachlehrbücher für Schreiner, Maurer, Fahrzeugmechatroniker, Pflegekräfte, Köche und Bäcker. Und das ganze Fachwissen wird verpackt in Berufsschulbücher und -texte, die nur so strotzen von Substantivierungen, Passivkonstruktionen und Schachtelsätzen.

Wer glaubte, die gelben Briefe von Amt wären die ultimative Herausforderung für einen Flüchtling, wird nun eines Besseren belehrt. Denn – so wie Omar es ja gesagt hat – versteht man bald, dass man die drei wichtigen Sätze finden muss und dass diese Texte zu 89 Prozent aus Textbausteinen bestehen, die sich in jedem Bescheid länderspezifisch wiederholen. Man muss also gar nicht alles verstehen. Bei den Texten für den Berufsschulunterricht sieht das aber ganz anders aus. Man muss die Inhalte begreifen, möglichst ganz und gar. Sie werden in Prüfungen abgefragt. Der letztendliche Erfolg der Ausbildung hängt davon ab.

Erinnern Sie sich an Bubacarr, der mit seinem phänomenalen, korangeschulten Gedächtnis Lückentexte fast fehlerlos ausfüllt und mit Ach und Krach und etwas Glück die Deutschprüfung B1 geschafft hatte? Bubacarr bekam eine Lehrstelle als Bäcker, weil kaum noch jemand außer einem Geflüchteten bereit ist, sich morgens um vier in eine Backstube zu stellen. Er machte seine

Sache sehr gut beim Kneten und Teigen und Backen. Doch in der Berufsschule wurde er mit Sätzen wie diesen konfrontiert:

„Die technische Fortentwicklung erfolgte über die Neuerungen bei den Backöfen, insbesondere durch die Ablösung der direkt beheizten Backöfen. Erfindungen von Maschinen, zum Beispiel der Teigknetmaschine im Jahre 1850 sowie der Teigteilmaschine um 1900 herum, leiteten die Mechanisierung der Backwarenherstellung ein. (…) Im weiteren Sinne sind auch neue Herstellungsmethoden darunter zu verstehen, beispielsweise durch die Verwendung von Vormischungen oder Herstellungswege mit Nutzung der Kältetechnik."

In diesen Sätzen gibt es kein einziges reales Subjekt – der Bäcker oder der Erfinder von Maschinen kommen nicht vor. Dafür aber jede Menge Substantivierungen von Verben wie *Fortentwicklung, Ablösung, Mechanisierung, Backwarenherstellung, Verwendung, Nutzung…*

Bubacarr hatte keine Chance, dies alles auch nur annähernd zu verstehen.

„Also, pass mal auf, Buba. So wie du heute Brot bäckst, so hat man das früher nicht gemacht. Früher haben die Bäcker alles von Hand gemacht. Sie haben den Teig von Hand geknetet. Dann haben sie ein Feuer im Ofen gemacht und das Brot gebacken. Aber dann hat jemand eine Teigknetmaschine erfunden. Die kennst du ja aus deiner Bäckerei. Und ein anderer hat eine Teigteilmaschine erfunden. Und irgendjemand kam auf die Idee, dass man die Öfen ja auch elektrisch heizen kann. Schließlich haben die Bäcker nicht mehr alle Zutaten erst dann gemischt, wenn sie backen wollten. Sie haben Vormischungen entwickelt. Die benutzt du ja heute auch. Und früher hatten sie noch nicht die Kühlräume, wo man bestimmte Backwaren lagern kann, bevor sie gebacken werden. Du siehst also, dass heute alles viel einfacher ist."

Bubacarr hat es sofort verstanden. Doch er musste die Texte ja auch ohne mich mal lesen und verstehen können. Und Wörter wie *Tätigkeit* oder *Herstellung* wollten ihm einfach nicht in den Kopf. Ich wünschte mir mal wieder einen Nürnberger Trichter, den ich nicht hatte, und ließ ihn etwa drei Dutzend Mal den Satz sagen: „Die Herstellung von Backwaren ist meine Tätigkeit." Ich bin mir sicher: Er wird die beiden Substantive bis ans Ende seines Lebens nicht mehr vergessen.

Ob er aber jemals Wörter wie *Nahrungsmittelunverträglichkeit* lernen wird, bleibt abzuwarten. Mit solchen „alphabetischen Prozessionen", wie Mark Twain sie nannte, werden Azubis aller beruflichen Richtungen malträtiert:
Reaktionsgeschwindigkeitskonstante,
Steuervergünstigungsabbaugesetz,
Bundesausbildungsförderungsgesetz,
Kreuzschlitzschraubenzieher,
Gabelstaplerführerschein und *Flurförderzeuge.*

Wissen Sie, lieber Leser, liebe Leserin, was *Flurförderzeuge* sind? Ich habe dieses Wort von Omar gelernt. Und er kennt es, weil er den *Gabelstaplerführerschein* gemacht hat. „Das sind Gabelstapler, die Ameise oder der Hubwagen. Es gibt auch ganz große, für Hochregallager. Aber wir haben nur die kleinen im Betrieb, die Ameise und den Gabelstapler. Unsere Waren sind nicht so schwer."

Ich habe es auf Anhieb verstanden. Ob das auch der Fall gewesen wäre, wenn ich es so hätte lernen müssen wie Omar?

„Flurförderzeuge im Sinne dieser Unfallverhütungsvorschrift sind Fördermittel, die ihrer Bauart nach dadurch gekennzeichnet sind, dass sie mit Rädern auf Flur laufen und frei lenkbar, zum Befördern, Ziehen oder Schieben von Lasten eingerichtet und zur innerbetrieblichen Verwendung bestimmt sind." So die Definition in der Berufsgenossenschaftlichen Vorschrift „DGUV Vorschrift 68".

Unfallverhütungsvorschrift – auch so ein prozessuales Wort. Schon früh haben wir mit den Leuten trainiert, Wortgrenzen zu erkennen. Damit sie jedes Teilwort einzeln nachschlagen konnten, um dann den Sinn des Ganzen zu entschlüsseln. Manche hatten sogar richtig Spaß daran, zusammengesetzte Wörter zu bilden, sobald sie das Prinzip verstanden hatten: So zum Beispiel *Busfahrer, Fahrradfahrer, Autofahrer, Motorradfahrer.* Aber dann auch *Flugzeugfahrer* oder *Zugfahrer,* womit eigentlich der *Lokführer* gemeint war. Auch beim *Hüpfergras* oder *Stapelgabler* ging manchmal etwas schief.

Monaf, mein Musterschüler, hatte eine solche Freude an diesen Wortprozessionen, dass er nicht mehr von *Briefmarken, Bus* und *Bahn,* von *Autos* oder *Meterstäben* sprach, sondern uns nur noch mit Wortungetümen wie *Postwertzeichen, Öffentlichem Personennahverkehr, Personenkraftwagen* und *Längenmesszeugen* quälte. Nur einmal habe ich ihn wirklich ratlos gesehen, ich muss gestehen, mit einiger Schadenfreude. Er versuchte mit der Wortgrenzenfindungsmethode das Wort *Ratlosigkeit* zu entschlüsseln. „Der ‚*Rat*' ist klar. Aber ich finde in keinem Wörterbuch das Wort ‚*Losigkeit*.'"

Schon Mark Twain hat betont, er würde „diese großmächtigen, langen, zusammengesetzten Wörter beseitigen; oder den Sprecher auffordern, sie in Abschnitten vorzubringen, mit Pausen zum Einnehmen von Erfrischungen."

Ich fürchte, dass es mit der Beseitigung nicht klappen wird, weil sich zusammengesetzte Wörter bereits wie Bandwürmer fest in die Windungen deutscher Gehirne hineingewunden haben. Aber es wäre sicher eine große Erleichterung für alle Ausländer und keine allzu große Zumutung für deutsche Gehirnwindungen, wenn wir wenigstens die Wort- und Morphemgrenzen eindeutig kennzeichnen würden. Es hieße dann nicht mehr *Nahrungsmittelunverträglichkeit*, sondern *Nahrungs-mittel-un-verträglich-keit*.

Mein Vorschlag also: An den Wort- und Morphemgrenzen steht ein Bindestrich.

Wenn es knüppeldick kommt, dann folgen deutsche Berufsschulbücher, beispielsweise für Schreiner und Tischler, heute schon dieser Regel, zumindest teilweise. Beispiel: *Hochdruck-Schichtpressstoffplatten.*
Dieses Wort hat – sage und vor allem schreibe – 8 Vokale und 26 Konsonantenbuchstaben! Das schafft keine andere Sprache. Und da dies auch mit Bindestrich nicht aussprechbar ist und wahrscheinlich noch nicht einmal mit den Pausen verstanden würde, die Mark Twain empfohlen hat, wurden die Abkürzungen erfunden. Beispielsweise HPL für Hochdruck-Schichtpressstoffplatten. Wahrscheinlich gibt es in keiner anderen Sprachkultur weltweit so viele Abkürzungen wie in der deutschen.

FAD für *Fernsprechauftragsdienst;*
BVS für *Bergmannsversorgungsverein;*
oder *RO* für *Rechnungslegungsordnung;*
und *SR* für *Schadensbemessungsrichtlinie.*

Ohne solche Abkürzungen wäre die deutsche Kommunikation eine schwere Last, und wir kennen daher viele dieser Hilfskürzel. Nur dumm, dass wir oft gar nicht mehr wissen, was sie bedeuten. Könnten Sie auf Anhieb sagen, wofür JVU, FCKW, ARD oder NATO eigentlich stehen?

Für den Flüchtling, der Tischler lernt, ist es auf jeden Fall eine große Entlastung, wenn er wenigstens nur dieses Kürzel und nicht das ganze Bandwurmwort lernen muss. Denn was danach kommt, ist schon schwer genug: „So können HPL-Platten mit Porungen oder sägerauen Strukturen einen echt wirkenden Materialcharakter erhalten, der durch die besondere Overlayschicht bei Schichtpressstoffplatten mit Holzfurnieren, z. B. durch eine gewachste, geölte oder mattierte Haptik noch verstärkt wird."

Da muss man sich erst mal durchbeißen. Das Wort *Porung* gibt es laut Duden nicht, schon gar nicht im Plural. Schaut man im Internet nach *Porung*, so findet man nur etwas über Backwaren. Dann sucht man nach dem Verb, weil die Deutschlehrerin einem eingebläut hat: Immer erst das Verb suchen, und am besten fängt man damit am Ende des Satzes an. Doch zunächst kommt die Frage: Welches ist der Hauptsatz, welches der Nebensatz? Hier steht glücklicherweise der Hauptsatz am Anfang. Trotzdem kommt das entscheidende Verb erst am Ende: *erhalten*. *Erhalten* im Sinne von *bewahren* oder *erhalten* im Sinne von *bekommen*? Beim Nebensatz springt man sofort ans Ende des Satzes und findet *verstärkt wird*. Das versteht man. Aber was wird verstärkt? Die Overlayschicht? Die Holzfurniere? Oder die gewachste, geölte oder mattierte Haptik – was immer das auch sein mag? Spätestens jetzt ist der Nichtmuttersprachler (und vielleicht auch der Muttersprachler) im Dickicht des deutschen Satzbaus untergegangen.

Die armen Kerle sind ja schon ohnehin genug gefordert. Amaru musste zum Beispiel Wörter lernen, die er weder in Englisch, der offiziellen Sprache seines Herkunftslandes, noch in der nigerianischen Muttersprache Fulfulde kannte. Wissen Sie, was eine *Schmiege* ist? Natürlich ein Gehrmaß. Ach so, Sie sind kein Handwerker?

Ein Kollege fordert ihn auf, einen Winkelaufsatz zu holen. Was ein *Aufsatz* ist, weiß er noch aus dem Deutschunterricht der Förderschule, in der er seinen Hauptschulabschluss gemacht hat. Aber was ein *Aufsatz* hier in der Schreinerei soll ... Er ist verwirrt, wird prompt vom Kollegen angebefft, weil er am Ende des zweiten Lehrjahrs immer noch nicht weiß, was ein *Winkelaufsatz* ist, bis es Amaru schließlich dämmert, dass das Gerät gemeint ist, das alle anderen als *Winkelgetriebe* bezeichnen.

Und dann muss er wieder in die Berufsschule ...
„Nach der Richtlinie über die Verwendung von Spanplatten hinsichtlich der Vermeidung von unzumutbarer Formaldehydkonzentration in der Raumluft dürfen nur Platten mit der Formaldehyd-Emissionsklasse E1 für Möbel und für Innenausbauarbeiten verwendet werden."

Genau dasselbe könnte man auch anders schreiben:
„*Es gibt eine Richtlinie. Diese Richtlinie bestimmt, welche Spanplatten man für Möbel und bei Arbeiten für den Innenausbau verwenden darf. Denn Spanplatten enthalten Formaldehyd. Das kann gesundheitsschädlich sein, wenn die Konzentration in einem Raum zu groß ist. Das kann man den Menschen nicht zumuten. Deshalb dürfen hier nur Spanplatten verwendet werden, die wenig Formaldehyd freigeben. Das sind Platten der Formaldehyd-Emissionsklasse E1.*"

Zugegeben: Der zweite Text ist ein Drittel länger als der erste. Und die Bücher würden um ein Drittel dicker. Der volkswirtschaftliche Nutzen wäre allerdings enorm. Die Azubis würden in der Hälfte der Zeit das Doppelte verstehen und müssten viel seltener ein Lehrjahr wiederholen. Vielleicht würde so mancher deutsche Auszubildende die Lehre dann nicht abbrechen, wie es jeder vierte Azubi – deutsche und nicht-deutsche – in Deutschland tut.

Das Ganze hat sogar einen Namen: Leichte Sprache.
Die Leichte Sprache ist ein feststehender Begriff für eine besonders einfache Form der Schriftsprache. Sie besteht – vereinfacht gesagt – aus einfachen kurzen Sätzen, die in der Regel zusätzlich durch Bilder erläutert werden. Viele staatliche Institutionen und Gemeinden haben auf ihren Homepages mittlerweile Seiten in Leichter Sprache. Die Bundesbehörden sind verpflichtet, grundlegende Informationen einer Internetseite in Leichter Sprache verfügbar zu machen. Sie sollten eigentlich wichtige Dokumente, sagen wir mal Bescheide im Asylverfahren, in Leichter Sprache erläutern. Damit hätten auch Menschen mit Handicap oder Ausländer eine Chance zu verstehen, was ihnen mitgeteilt wird.

Den Erfinderinnen und Erfindern der Leichten Sprache müssten Orden verliehen werden, zum Beispiel das Bundesverdienstkreuz. Und es müsste eine Verordnung erlassen werden, nach der alle Juristen und alle Beamten und alle Autoren von Büchern für die Berufsschule einen obligatorischen Kurs bei den Erfindern der Leichten Sprache machen müssen. Damit sie folgende Regeln lernen:
· Man benützt keine schwierigen Wörter, wenn es einfache dafür gibt; zum Beispiel nicht *Öffentlicher Nahverkehr*, sondern *Bus* und *Bahn*.
· Verzichtet auf Passivformen! Man sagt nicht *„Der echt wirkende Materialcharakter wird durch die besondere Over-*

layschicht verstärkt", sondern *„Die Overlayschicht verstärkt den Effekt, dass das Material wie echt wirkt. "*

· Meidet den Konjunktiv, wo ihr nur könnt. Nicht *„Morgen könnte es regnen"*, sondern *„Morgen regnet es vielleicht"*.

· Lasst die bescheuerten Substantivierungen weg und verwendet Verben. Also nicht: *„Die Herstellung von Backwaren ist meine Tätigkeit"*, sondern *„Ich backe Brot und Kuchen und andere Backwaren. Das ist mein Beruf. "*

Leider bleibt aber auch die leichteste deutsche Sprache Deutsch. Der Tipp mit den Verben ist gut, und keine noch so leichte Sprache kommt ohne Verben aus. In anderen Sprachen wäre das sicher kein Problem. Aber hier haben wir es mit deutschen Verben zu tun. Man muss sich einmal die deutschen Tunwörter anschauen.

Was für ein herrliches Wort: TUN. So einfach, schön und schlicht. *Ich tue, du tust, er* und *sie* und *es tut, wir tun, ihr tut, sie tun.* Und der Sinn ist so klar wie die Luft an einem sonnigen Frühlingsmorgen in den Bergen. Immer wenn ein Mensch, ein Tier, eine Kraft oder Energie aktiv wird, dann tun die etwas.

Aber wehe, es kommt eine Vorsilbe hinzu.
Dazutun, drauftun, hertun, hintun, hineintun, hinzutun, rauftun, reintun, wegtun, zurücktun – das alles erschließt sich einem ja noch relativ problemlos, wenn man den Sinn der Verhältniswörter kennt, die da als Vorsilben eingesetzt werden.
Aber dann wird es abstrakt:
Abtun: „Man kann das alles als Quatsch abtun".
Antun: „Was er mir antut, ist nicht okay".

Dabei geht die Zahl der möglichen Vorsilben ins Unendliche. Und erst richtig lustig wird es, wenn dasselbe unverfängliche und klare Verb mit ein- und derselben Vorsilbe mindestens sieben unterschiedliche Tunwörter mit ganz unterschiedlichem Sinn hervorbringt:

Stellen – ein wunderschönes, einfaches Verb mit klarem Sinn, das dazu noch regelmäßig konjugiert wird: *ich stelle, du stellst ... ich stellte ... wir haben gestellt ...* Das lernt jeder halbwegs begabte Ausländer wenn's sein muss im ersten Deutschkurs. Selbst die Aussprache lässt sich für die meisten der Spur nach bewerkstelligen. Aber wehe, man fügt diesem mühelosen, sympathischen Tunwort die harmlose Vorsilbe *ein*- hinzu ... Es entsteht eine siebenköpfige Hydra:

Ich kann die Parameter eines Gerätes *einstellen*.
Ich kann einen Mitarbeiter *einstellen*.
Ich kann die Zahlung meiner Miete *einstellen*.
Ich kann mich auf eine Situation *einstellen*.
Ich kann mein Auto in eine Garage *einstellen* ... oder einen Text bei Facebook.
Starke Schmerzen können sich *einstellen*.
Und dann kann ich auch noch – zugegebenermaßen altmodisch und gruftig – ein *Stell-dich-ein* haben.

Das Englische gebraucht dafür sieben verschiedene Wörter, die alle keinerlei Ähnlichkeit untereinander aufweisen: *to adjust, to employ, to stop, to prepare for something, to position, to appear, to arise.*
In anderen Sprachen dürfe es ähnlich sein.

Das Gemeine an der Geschichte ist aber: *Einstellen* ist beileibe keine abnorme Ausnahme. Es gibt abertausende solche Konstrukte, für die die einfache, aber beklemmende Regel gilt:

Jedes deutsche Verb hat mindestens drei (wenn nicht bis zu zwölf weitere) Bedeutungen – eine konkrete, eine abstrakte und eine, auf die man im Leben nicht kommt.

Dazu erfinden die Deutschen noch am Laufmeter neue Kombinationen und haben keinerlei Hemmungen, nicht nur die braven Umstands- und Verhältniswörter (*ein-, über-, heran-, wieder-, zusammen-* ...) dafür zu missbrauchen, sondern auch Eigenschaftswörter und Hauptwörter. Ja, sie gehen so weit, dass sie eine stinknormale Vorsilbe kombinieren mit einem Eigenschaftswort, das aber als Tunwort herhalten muss: *aufhübschen.* Wild wird da herumkombiniert: *fremdschämen, strafbelobigen, entfreunden, verschlimmbessern, abharzen, hamsterradeln, beblumen.*

Sie scheuen sich noch nicht einmal, Fremdwörter in ihr infames System einzubinden und damit quasi bis zur Unkenntlichkeit zu verunstalten. Das kann einen Fremdling nur abturnen: *zusimsen, zuspamen* (mit Spam überschütten), *ausloggen* ...

Und dann lachen sie noch über einen Flüchtling, der sagt: „Ich habe den Teller erbrochen."

Ich habe keine Ahnung, wie bei diesem Thema den armen Menschen aus aller Welt geholfen werden könnte.

Der türkische Plural

Aber helfen könnte man bei anderen Unwegsamkeiten der deutschen Sprache. Hier muss ich nun dringend auf eine weitere Abart unserer Muttersprache eingehen. Vielleicht, liebe Leser und Leserinnen, geht Ihnen die deutsche Grammatik so langsam

ziemlich auf den Keks, was angesichts der Vielzahl an Gemein-
heiten, die diese Sprache zu bieten hat, durchaus verständlich ist.
Aber ohne zwei weitere Ferbesserungsforschläge wäre dieses
Werk nur Stückwerk.

Warum hat sich das Englische als Weltsprache durchgesetzt, und
warum ist das Deutsche weit davon entfernt? Schauen Sie sich die
grundlegenden Grammatikregeln der beiden Sprachen an, und
die Antwort liegt auf der Hand. Wollen wir dem Deutschen auch
nur eine kleine Chance auf internationale Anerkennung geben,
so müssen wir uns auf jeden Fall mit der Pluralbildung ausei-
nandersetzen. An die Pluralbildung hat sich Abbas Khider in
seinem durchaus begrüßenswerten Werk zur Entrümpelung der
deutschen Sprache nicht gewagt. Wahrscheinlich, weil die Pluralbildung im Arabischen ähnlich launisch und mutwillig daher-
kommt wie im Deutschen. Da werden nämlich „interne" und
„externe" Plurale verwendet. Bei externen wird eine Silbe ans
Ende des Wortes gehängt, so etwa wie im Deutschen: *Tisch* –
Tische. Bei internen ändert sich innen im Wort etwas, wobei nie
wirklich klar ist, was sich ändert. Auf Wikipedia finden wir:
„*qalam* Stift – أقلام / *aqlām* (Basis q-l-m), مدرسة / *madrasa* Schule –
مدارس / *madāris* (Basis: m-d-r-s) usw. Welches Schema angewendet
wird, ist nur selten vorhersehbar." Vielleicht aber waren es auch
die vielen Umlaute, mit denen der Plural im Deutschen oft gebildet wird, die ihn an seine unerquicklichen Erfahrungen als
Illegaler in der Türkei erinnerten, sodass er sich diesem Übel
nicht stellen wollte.

Dafür habe ich vollstes Verständnis. Aber gerade in diesem Sinne
kommen wir nicht darum herum, zum Wohle aller nach
Deutschland geflüchteten Migrantinnen und Migranten eine
gründliche Reform des deutschen Plurals einzuführen. Denn

„jedes Wort hat eine Pluralform, die man kennen muss und nicht mit einer einfachen Regel bilden kann. Mit etwas Gewitztheit kann man oft die wahrscheinlichste Form treffen, aber im Einzelfall auch irren", so Dieter Wunderlich in „Sprachen der Welt", Kapitel „Was die Ausländer am Deutschen stört".

Es gibt aber tatsächlich Grammatikwerke, die behaupten: „Allerdings ist die Mehrzahlbildung im Deutschen keinesfalls ohne Regeln." Was dann folgt ist der blanke Irrsinn, und ich wäre Ihnen keineswegs böse, wenn Sie diesen Abschnitt überspringen.

1. Faustregeln im Überblick. Es gibt acht verschiedene Pluralendungen im Deutschen: Pluralendung -*e*; -*e* mit Umlaut; -*(e)n*; -*er* mit Umlaut; -*er*; -*Ø* (Nullendung); -*Ø* mit Umlaut; -*s*. 2. Dann gibt es noch detaillierte Regeln für: I. Substantive ohne Suffixe: a) Plural auf -*e*; b) maskuline und neutrale Substantiva ohne Endung; c) Substantiva auf -*el* oder -*er* enden auf -*n*; d) Wörter auf -*a*, -*i*, -*o* und -*u* und häufig Fremdwörter enden auf -*s*; e) einsilbige maskuline Substantiva: -*e* oder -*e* mit Umlaut; f) feminine einsilbige Substantiva: -*en*; g) einsilbige neutrale Substantiva: -*er* oder -*er* mit Umlaut. Weitere Regeln gibt es für: II. Substantive mit Suffix: a) Endung auf -*e*: Plural auf -*n*; b) maskuline und neutrale Nomen mit der Endung auf -*el*, -*en* oder -*er*: Plural auf -*Ø*; c) Substantive mit Endung auf betontem Vokal: Plural endet auf -*s*; d) maskuline und neutrale Substantive, die auf einen Konsonant enden: -*e* oder -*e* mit Umlaut; e) maskuline und neutrale Substantive, die auf einen Konsonant enden: -*en*; f) feminine Substantiva auf Konsonant: Plural auf -*en*.

Natürlich gibt es bei fast jeder dieser Regeln Ausnahmen. Denn es sind probabilistische, das heißt „nur mit einer gewissen Wahrscheinlichkeit zutreffende Regeln". Hinzu kommen noch jede Menge Wörter, die gar keinen Plural haben (*Obst, Gemüse, Schnee, Ärger, Jugend, Durst, Gesundheit, Post ...*) oder die nur im Plural vorkommen (*die Kosten, Gezeiten, Leute, Daten ...*).

Wundert es Sie, liebe Leserin, lieber Leser, dass der Pluralerwerb deutschsprachiger Kinder auch im dritten und vierten Lebensjahr noch nicht abgeschlossen ist? Kinder zwischen vier und sechs wissen oft nicht, wie die Mehrzahl von *Apfel, Bär* oder *Korn* lautet. Besonders verstörend für die Kleinen ist es, wenn sie die Mehrzahl von *Eimer, Lehrer* oder *Zettel* bilden sollen. Sie hängen nicht selten einfach ein -*n* hinten dran.

Dass hier Handlungsbedarf ist, leuchtet jedem ein. Ich habe die Sache mit Monaf besprochen, und er sprudelte sofort vor Ideen, wie man Abhilfe schaffen könnte. Dass seine Muttersprache dafür nicht als Muster dienen kann, darin waren wir uns schnell einig – siehe oben der unvorhersehbare Plural im Arabischen. Am naheliegendsten käme dafür das Englische in Frage. Simpel und einfach bildet es den Plural fast immer mit -*s*, manchmal auch, um einer einfacheren Aussprache willen mit -*es*. Das ist es im Wesentlichen. Da auch im Deutschen das Plural-S vorkommt wie bei *Opas, Uhus* oder *Autos*, wäre das echt verlockend.

Wenn der eigentlich zum Tode verurteilte Genitiv nicht wäre. Monaf hat die Qualen auf sich genommen und immer brav bei der Deklination der Hauptwörter den Genitiv mitgelernt – *des Lehrers, der Frau, des Kindes, des Tisches, des Strumpfs* – und die Sache so verinnerlicht, dass er zurecht eine große Konfusion befürchtete, vor allem bei den Deutschen, die noch in der Lage sind, den Genitiv korrekt zu bilden und zu gebrauchen.

Nach dem Motto „Von anderen Sprachen lernen" machten wir uns auf die Suche und fanden, dass es unzählige Pluralsysteme in den Sprachen dieser Welt gibt, die simpel, geradlinig und einleuchtend sind. Besonders apart sind das Chinesische und das Japanische. Es gibt dort gar keine Pluralform. Das Hauptwort verändert sich nicht. Man sagt einfach *Kuh*, *zwei Kuh* oder *viele Kuh*. Chinesisch und Japanisch kam in die engere Auswahl.

Auch in polynesischen Sprachen ändert sich das Substantiv nicht. Der davorstehende Artikel kennzeichnet, ob es sich um Ein- oder Vielzahl handelt. In Māori heißt es *te tamaiti – das Kind*, *nga tamaiti – die Kinder*. Da wir ja aber den Artikel abgeschafft haben, kommt diese Variante nicht in Frage.

Im Indonesischen bildet man den Plural einfach durch die Verdoppelung eines Wortes. *Kucing* ist *Katze*, und *viele Katzen* sind *kucing-kucing*. Es wurde uns jedoch schnell klar, dass dieses System fürs Deutsche auch nicht in Frage kommen kann, weil der Plural von *Landeserstaufnahmeeinrichtung* dann *Landeserstaufnahmeeinrichtung-Landeserstaufnahmeeinrichtung* lauten müsste, und der von *Hochdruck-Schichtpressstoffplatte* ... Sie verstehen schon.

Monaf hatte fast eineinhalb Jahre in der Türkei auf der Straße gelebt. Er hatte, sprachbegabt und bildungshungrig wie er war, begonnen Türkisch zu lernen, obwohl er sich bei den vielen Umlauten (*Üç küçük öpüçük – drei kleine Küsschen*) fast die Zunge gebrochen hätte. Er blieb dran, weil er hoffte, auch ohne eine Arbeitserlaubnis irgendwann mal einen Job zu bekommen und nicht mehr in den Abfalleimern der Restaurants sein Essen zusammensuchen zu müssen. Im Türkischen wird der Plural immer – jawohl: immer! – mit *-ler* oder *-lar* gebildet. Das hat mich sofort begeistert. Man braucht keinen Artikel. Man kann es gut aussprechen. Es kommt dem Bedürfnis der Deutschen entgegen, den Plural mit einem Suffix zu bilden, also einer Silbe am Ende des Wortes. Und es wäre - last but not least – ein bahnbrechender Beitrag zum versöhnlichen Miteinander mit unseren türkischen Mitbürgern und Mitbürgerinnen in Deutschland.

Also: Der Plural im Deutschen wird gebildet mit _-lar_, nicht mit _-ler_, damit er keine Verwechslung mit zum Beispiel _Tischler_ gibt. Es heißt _Mannlar, Fraular, Kindlar, Tischlar_ (viele Tische), _Tischlerlar_ (viele Tischler). Umlaute braucht man überhaupt nicht mehr für den Plural, und solche schmerzlichen Verballhornungen wie _Baum – Bäume_ und _Haus – Häuser_ mit einem Wechsel von _au_ zu (gesprochen) _oi_ gibt es dann nicht mehr.

Bei der Überarbeitung des Konjunktivs war Monaf mir allerdings keine Hilfe. Er fand mit einem Mal ein enormes Vergnügen darin, Konjunktivformen auswendig zu lernen. Es war ein Phänomen, das immer wieder mal bei Ausländern auftaucht. Christa, die wahrscheinlich mehr als dreimal so vielen von ihnen Deutsch beigebracht hat als ich, machte mich darauf aufmerksam: „Wenn sie sich bis zu einem bestimmten Niveau durchgebissen haben und nicht aufgegeben haben, dann packt sie plötzlich der Ehrgeiz."

Auch sie hatte so einen Kandidaten. Das erklärte Ziel auch dieses jungen Mannes aus dem Irak, den sie sprachlich seit seinen ersten deutschen Gehversuchen begleitet hatte, war es, besser Deutsch zu sprechen als ein Deutscher. Er hatte in der Tat bald einen größeren Wortschatz als jeder Durchschnittsdeutsche, die Gewitztheit, beim Plural fast immer die richtige Form zu treffen, die Fähigkeit in gesprochener Sprache und in Schriftsprache die jeweils richtige Vergangenheitsform zu verwenden und schaffte es, fast alle unregelmäßigen Verben korrekt zu konjugieren. Problemlos schaffte er die Berufsschule und dachte an ein Studium.

Aber Deutsch ist nun mal Deutsch, und Christas Iraker war wieder der schlagende Beweis dafür, dass man diese Sprache als Nichtmuttersprachler niemals im Leben wirklich korrekt erlernen kann und selbst die besten Deutsch-als-Fremdsprache-Lehrerinnen an ihr verzweifeln und scheitern müssen. Denn immer wieder musste Christa den armen Kerl frustrieren: „Da hast du mal wieder falsch gedativt."

Monaf, der Student für arabische Literatur, hatte sich nun in den Kopf gesetzt, mich, die altehrwürdige Germanistin, die ständig an ihm herumkrittelte und ihn unablässig verbesserte, in den Schatten zu stellen. Er verbiss sich in den Konjunktiv. Und das in allen Personen und in allen Zeiten.

Konjunktiv I im Präsens: *Ich schlage vor; du schlagest vor; er/sie/es schlage vor*, und so weiter und so fort.
Konjunktiv I im Perfekt: *Ich habe vorgeschlagen; du habest vorgeschlagen;(...) ihr habet vorgeschlagen (...).*
Konjunktiv I in der ersten Vergangenheit: *(...) Du werdest vorschlagen, er werde vorschlagen (...)*
Dann gibt es noch den Konjunktiv I in der zweiten Vergangenheit, in der ersten Zukunft und in der zweiten Zukunft. Und das Ganze haben wir dann noch analog mit dem Konjunktiv II. Um die Nerven meiner Leser zu schonen, führe ich hier nur ein paar wenige Formen aus der einfachen Vergangenheit auf: *Ich schlüge vor; du schlügst vor, (...) wir schlügen vor; ihr schlügt vor (...)*

Monaf schonte meine Nerven nicht und fragte mich: „Wie heißt der Konjunktiv II von *backen*?" Wer weiß denn schon so etwas?

Er triumphierte: „Es heißt *büke. Er sagt, er büke heute einen Kuchen.*"

„Okay, du Klugscheißer. Dann sag mir mal den Konjunktiv von *rufen. Ich rüfe* oder *ich riefe?* Den von *schreiben ... Du schreibest? Du schriebest? Du schrübest?* Oder das Allerweltswort *kommen.* Heißt es er *komme* oder er *käme?*"

Ich brachte ihn ins Schwitzen. So wie wahrscheinlich auch Sie, liebe Leserin und lieber Leser. Weil ich nun mal ebenfalls klugscheißerisch veranlagt bin, kläre ich Sie auf: *Rüfe* gibt es nicht, und ebenso wenig *schrübest.*

Bei *kommen* ist übrigens beides richtig – das erste ist Konjunktiv I und das zweite Konjunktiv II.

Und nun erklären Sie mir mal, was der Unterschied ist und wozu ein Mensch das brauche ... bräuchte ... brauchen täte. Gehen Sie mal in eine Kneipe an den Stammtisch. Fragen Sie mal nach, wie es richtig heißt. Und wenn die deutschen Ureinwohner damit Schwierigkeiten haben sollten, dann erklären Sie einfach die simple Regel, dass Konjunktiv-Formen, die keinen Umlaut haben, sich im Plural nicht vom Präteritum unterscheiden, während schwache Verben die gleiche Form wie der Indikativ Präsens haben. Alles klar?

Im normalen Leben gebrauchen wir ohnehin fast immer die Ersatzkonstruktion mit *würde: Ich würde rufen. Du würdest schreiben. Er sagt, er würde einen Kuchen backen.*

Ich neigte entschieden dazu, zu befürworten, dass wir den Konjunktiv I und II gänzlich abschüfen – also, dass wir das ganze Gedöns einfach vergäßen und durch diese nicht weniger aussagekräftige Wendung mit *würde/würdest/würden* usw. ersetzen würden. Nicht nur die Ausländer, auch die Leute am Stammtisch **würden** mir um den Hals fallen.

Wenn Deutsche kein Deutsch können

Nun ist es Zeit, mich an all die Flüchtlinge zu wenden, die bei den meisten Hauptwörtern die richtige Mehrzahlform der nicht-reformierten deutschen Sprache erwischen, sogar den Dativ und Genitiv dieser Wörter in Einzahl und Mehrzahl kennen und vielleicht auch diesem Buch bis hierher gefolgt sind. Wenn Sie meinen, nun sind Sie durch, Sie beherrschen die deutsche Sprache immerhin zu 89 Prozent, und Sie leben in Niedersachsen, sagen wir mal in Hannover, dann sollten Sie auf keinen Fall in eine andere Region Deutschlands reisen. Und bleiben Sie vor allem den Stammtischen fern.

Sicher, Sie sind in der Lage, in Lückentexten die Deklination der Adjektive korrekt zu meistern. *Rainer ist ein schwieriger Typ. Eva hat ein sehr angenehmes Wesen. Mit einigen von deinen schlechten Gewohnheiten komme ich wirklich nicht zurecht. Hans hat noch andere kleine Schwächen.* Wobei Sie das umsonst gelernt haben, wenn man den epochalen Verbesserungsvorschlägen von Abbas Khider folgen würde, nach denen am Ende einfach gar keine Endung steht wie beim entsprechenden Adverb: *schwierig Typ, angenehm Wesen, schlecht Gewohnheiten, klein Schwächen.*
Mag sein, Sie wissen genau, welche Adjektive mit welchen adjektivierenden Nachsilben (Auswahl: *-los, -haft, -lich, -ig, -isch, -tisch, -istisch*) tatsächlich vorkommen:
Herzig, herzhaft, herzistisch, herzlos, herzlich, herzisch?
Unverantwortungshaft, altmodistisch?

Vielleicht sind Sie schon auf dem Sprachniveau, auf dem den Deutschschülern beigebracht wird, wie sie aus einfachen, verständlichen Sätzen komplizierte und unverständliche fabrizieren können:

Dabei handelt es sich natürlich nur um einen Vorschlag, der nach Wunsch noch zu verändern ist.
Dabei handelt es sich natürlich nur um einen nach Wunsch noch zu verändernden Vorschlag.

Sie lernen, wie man aus einfachen Adjektiven möglichst komplizierte, lange Adjektive bilden kann: *traditionsverbunden, vorurteilsbeladen, sozialversicherungspflichtig.*

Und wenn Sie richtig gut sind, dann sind Sie vielleicht sogar in der Lage zu beurteilen, ob diese Sätze, gesprochen von der Bundeskanzlerin und ihrem Außenminister in Zeiten der Pandemie, grammatikalisch richtig sind:

"..., weil wir ja alle ein gemeinsames Interesse haben, nämlich diese Pandemie einzudämmen und möglichst viel gesellschaftliches Leben und wirtschaftliches Leben, vor allem kulturelles und Bildungsleben wieder stattfinden lassen können." (Angela Merkel)

„Wenn die Pandemiebekämpfung weiterhin gut läuft, besteht kein Grund mehr für eine generelle weltweite Reisewarnung, wobei man immer damit rechnen muss, wenn es zu einem neuen Ausbruch, zu einer zweiten Welle kommt, wo auch immer, wird man auch darauf reagieren können müssen." (Heiko Maas)
Richtig oder falsch?

Trotzdem! Reisen Sie nicht von Hannover in irgendeinen anderen Landstrich Deutschlands. Sie erleben nichts als unendlichen Frust und tiefe Selbstzweifel. So wie es Mohsen, dem Iraner erging, der in den ersten Monaten in Deutschland hauptsächlich mit den Mitgeflüchteten in der Flüchtlingsunterkunft und mit dem Deutschlehrer zu tun hatte, mit Bravour den A2- Kurs abgeschlossen hat und dann auf die badische Bevölkerung losgelassen wurde. „Ich habe mich gefragt: Welche Sprache lernst du in diesen Deutschkursen?" Als er darauf drängte, sogleich wieder einen Deutschkurs machen zu dürfen und in eine Klasse aufgenommen zu werden, die eigentlich schon voll war, sagte die zuständige Mitarbeiterin der Volkshochschule zu ihm: „Viel wotte allewil alles un des gli ha." (Viele wollen immer alles und das sofort haben.)

Auch sollte man nicht viel umherreisen, wenn man als Mensch aus Bangladesch in einem Kaiserstühler Dorf sprachlich sozialisiert wurde und sonst keinen Sprachunterricht bekommen hat, auch wenn man so sprachbegabt ist, dass man die Sprache der neuen Mitbürger quasi absorbiert und diese einen hilfsbereit und herzlich integriert haben. Denn Andreas, der die lernbeschleunigende Fahrradwerkstatt in unserem Ort am Laufen hielt, musste lange herumrätseln, was der halbwüchsige Sohn einer Familie aus Bangladesch von ihm wollte, als der sagte: „Du Farraddschitsch schodsch ischdella a wengeli hea gliamoll firmi. Ischka des net."

Herbert, ein badisches Urgewächs, versuchte zu helfen und übersetzte: „Du sodsch mer glii amool de Fahrradsitz a wengelii heher iistella. Ich kaa des net." (Du solltest mir gleich mal den Fahrradsitz ein wenig höher einstellen. Ich kann das nicht.) Badischer Dialekt plus bengalische Aussprache und Grammatik – *s* und *ch* wird *sch* gesprochen; lange Vokale, im Badischen ein Muss, gibt es nicht; die Satzstellung ist immer Subjekt-Objekt-Verb – diese Kombination macht jede Kommunikation außerhalb des Breisgaus unmöglich. Wobei der bengalischen Familie gar nicht ersichtlich ist, was für eine Sprache sie da lernen. Für sie ist es Deutsch.

Unglücklicherweise werden Flüchtlinge schon mit dialektischen Ergüssen konfrontiert, wenn sie noch keine einzige Deutschstunde hinter sich haben. Zum Beispiel, wenn nach ihrer Ankunft die Personalien festgestellt werden und sie alle Dokumente, die sie bei sich haben, vorlegen müssen.

„Was ist denn das für eine Schlamperei! Ihr Nachname ist jedes Mal anders geschrieben. Schreibt man den jetzt mit Y oder mit J?"
Diesen Satz aus deutschem Beamtenmund könnten sehr viele Geflüchtete zu hören bekommen haben. Denn in vielen Ländern nimmt man es nicht so genau wie im Deutschen, wo peinlichst darauf geachtet wird, ob es *Maier, Meier, Meyer* oder *Mayer* heißt. Doch die Sätze, die sie wirklich zu hören bekommen, lauten in etwa so:
„Was isch au des für a Gschlamambl? Dohanda, dein Nama, wieso isch der jedes Mol anders gschrieba. Schreibsch den jetzat mit amma Y oder mit amma J, Sabberlodd?" (Schwäbisch)
„Wat is'n dit für een Kokolores? Wieso würd dit jetz wieder jedet ma anders jeschrieben? Schreibt man dit jetze mit Y oder mit J?" (Berlinerisch)
„Kreizsacklzement, wo's is denn des für a Saustoi. Wia hoasst du denn 'etz eigentle? Dei Nochnama werd oiwei anders gschriebn. Schreibt ma den 'etz mid Y oda mid J?" (Bayrisch)

Richtig hart wird es für die ganz Zähen, die Verbohrten, die nie aufgegeben haben, die sich durchgebissen haben, so wie auf der Flucht durch Wüsten, durch von Mörderbanden verseuchte Städte, durch zerbombte Landschaften und libysche Sklavenlager – und nun auch durch die deutsche Sprache. Sie meinen die Gewinner und Helden zu sein und wähnen sich am Ziel ihrer Träume. Okay, es klappt nicht immer mit der Deklination, es wird manchmal falsch gedativt und der Konjunktiv ist Glückssache. Aber sie können sich verständlich machen und verstehen das

Wichtigste in deutschen Berufsschulbüchern. Und dann? Dann werden sie eingestellt. In schwäbischen Hotels, in badischen Schreinereien, in bayrischen Pflegeheimen, in sächsischen und in niederrheinischen Bäckereien, auf Baustellen in Köln oder Berlin.

Wie ergeht es einem muslimischen Flüchtling, wenn er in einem hessischen Dachdeckerbetrieb arbeitet, und der Kollege sagt zu ihm: „Feddisch. Mosche is aach nochn Daach." Moschee? Dach? Was will der? Der Aha-Effekt kommt, wenn der Kollege erklärt: „Feierobend, morgen mach mr weiter."

Im besten Fall versteht der afghanische Mitarbeiter einer schwäbischen Klempnerei nicht wirklich, was der Vorabeiter zu ihm sagt, weil ihm ein Schraubenschlüssel runtergefallen ist. „Du Seggl, bass doch uff!" Wahrscheinlich würde er angesichts einer solchen Beleidigung umgehend kündigen.

Der syrische Azubi in einer sächsischen Bäckerei, der den Teig nicht ganz exakt abgewogen hat, versteht vielleicht auch nicht alles, aber dass es nichts Freundliches ist, ist ihm klar, wenn der Meister ihn anherrscht: „Mach de Glubschor off unn bass off was de machsd!"

Und wenn ein Afrikaner auf einer Kölner Baustelle stundenlang malocht hat, sich dann ins Gras setzt, die Augen zumacht und sich die Sonne ins Gesicht scheinen lässt, dann kann es schon mal passieren, dass der Kollege, der hauptsächlich Anweisungen gegeben hat, ihn anschnauzt: „Häs de nix Besseres ze dun, als hie op dä fuule Huck ze lije?" (… als hier auf der faulen Haut zu liegen.)

Im deutschen Handwerk und auf deutschen Baustellen herrscht ein rauer Ton. Und je rauer, umso breiter wird der Dialekt. Vor allem Syrer und Westafrikaner, aber auch andere Landsleute, haben damit ein Problem, nicht nur wegen des Dialekts. Höflichkeit, auch unter einfachen Menschen, ist in diesen Kulturen ein Zeichen der Zivilisiertheit. Kaum einem deutschen Werkstattmeister, Baustellen-Kapo oder Handwerksgesellen ist bewusst, dass ein Westafrikaner das bei uns übliche Herumschreien und Anschnauzen als ähnlich erniedrigend empfindet, wie wenn unsereiner ins Gesicht geschlagen oder angespuckt wird. Es ist extrem verstörend für sie.

Ohne diese Raubeinigkeit bleibt das Problem des Dialektes für die Ausländer, aber es lassen sich dann immerhin Lösungen finden. Lamin beispielsweise kam in die Berufsschule und verstand kein Wort, weil der Lehrer Alemannisch in seiner reinsten Form sprach. Also übersetzte der Lehrer alles, was Lamin nicht verstanden hatte – nicht ins Deutsche, das packte er nicht, sondern ins Englische.

Keine Lösung ist es allerdings, wenn ein Fremdling wie der syrische Literaturstudent Monaf anfängt, die Deutschen zu korrigieren. Dieser impertinente Besserwisser brachte seine Kollegen in dem Supermarkt, in dem er öfters mal aushalf, zur Weißglut, indem er sie laufend korrigierte. Mit der Zeit sogar auf Alemannisch.

„Es heißt nicht *wegen dem schönen Wetter*, sondern *wegen des schönen Wetters*. Das muss ein Genitiv sein."
„*Größer wie* ist falsch. Es muss *größer als* heißen. Das ist ein Komparativ. *Wie* sagt man, wenn etwas gleich groß ist: *Genauso groß wie* ..."
„Es heißt nicht ‚*Mer wohne in dr gliicha Strooß*‘, sondern ‚*Mer wohne in derselba Strooß*‘. Es ist doch ein und dieselbe Straße, und nicht eine, die genauso aussieht wie die andere."
So ist keine Völkerverständigung möglich. Empörte Reaktionen waren die Folge: „Seller Üslander, da will mir s'Diitsch-Schwatze

beïbringa? Schaff ebis un due ned rumlaabere, du Klugschisser."
(Selbiger Ausländer will mir das Deutschsprechen beibringen?
Arbeite was und quatsch nicht rum, du Klugscheißer.)

Schlussplädoyer

Um Monaf muss man sich keine Sorgen machen. Er wird sich
sprachlich behaupten, auch wenn er, wie sein irakischer Kollege,
das Ziel, besser als die Deutschen Deutsch zu sprechen, niemals
erreichen wird. Auch wenn er – wie neuerdings – mit Inbrunst
deutsche Wörter sammelt, die es in keiner anderen Sprache gibt:
*Wanderlust, Weltschmerz, Schadenfreude, Torschlusspanik, Er-
klärungsnot* und *Geschmacksverirrung.* Aber er macht Fehler
und wird sie bis ans Ende seines Lebens machen, denn es ist nun
mal Deutsch:
Ich habe darüber sehr gefreut.
Entschuldigung, ich verspäte ein bisschen.

Es wären allerdings keine Fehler, wenn man die deutsche Sprache reformieren und die von mir vorgeschlagene Grundregel
einführen würde. Sie erinnern sich?

Wenn man's versteht, ist es richtig.

Und ich möchte hier auch noch einmal eindringlich auf Konfuzius verweisen: „Die ganze Kunst der Sprache besteht darin, verstanden zu werden."

Deshalb plädiere ich dafür, dass Sätze wie die folgenden, ausgesprochen und geschrieben von Flüchtlingen, als richtig und
sprachlich einwandfrei gelten:

Das schmeckt mir gerne.
Ich möchte mitteilen, dass ich mich umgezogen habe. Meine
neue Adresse ist ...
Ich grüße Sie am Herz und bedanke mich.
Ich mache eine Beendung.
Er hat sich gegen etwas verstoßen.
Das Geld hat auf meinem Konto geladen.
Wir können Montagetermin nicht garantieren, weil das vom
Wetter abgehängt ist.

Dies sollte auch für Redewendungen gelten, die in den C1- und
C2-Kursen vermehrt auf die Lernenden losgelassen werden.
„Das Geld reicht nicht. Neues Auto muss ich mir auf den Kopf
schlagen. "
Auch wenn Sie Germanist, Deutschlehrerin oder Journalist sind
– verkneifen Sie sich die Korrektur. Sagen Sie nicht: „Es heißt:
aus dem Kopf schlagen." Sie haben es doch genau verstanden!
Und ebenso:
Bis zum bittenden Ende ...
Bringen wir es über uns.
Ich muss mich mächtig als Zeuge legen, damit ich die Prüfung schaffe.

Aber eingreifen sollte man durchaus, wenn solche Redewendungen völlig in den falschen Hals geraten.

„Wie ‚falsche Hals‘? Mein Hals ist falsch? Und Hals von eine andere Person ist richtig?"
Sie sagen zum Beispiel zu Bahira: „Ich glaube, Mustafa hat ein
Auge auf dich geworfen." Und sie schaut Sie groß an und überlegt, wie man ein Auge werfen kann, hat plötzlich die Erleuch-
tung, schüttelt den Kopf und sagt freudig: „Nein, er hat nicht
böses Auge auf mich geworfen."

„Ich meine nicht, dass er dir einen bösen Blick zugeworfen hat.
Ich glaube, er hat sich in dich verschossen."

Spätestens jetzt ist Bahira natürlich völlig verunsichert. „Mustafa
will schießen? Auf mich?"

Das müssen Sie unbedingt aufklären, schon um der Liebe willen.

Wenn wir sagen: *„Es ist höchste Eisenbahn"*, und Yussuf meint,
es geht um einen hohen Zug mit zwei Etagen (oder sogar noch
mehr?), dann sollten wir ihm auch klar machen, dass wir nicht
die Eisenbahnstrecke von Xining nach Lhasa in Tibet meinen, die
mit dem Scheitelpunkt auf 5072 Metern die höchstgelegene
Bahnstrecke der Welt ist.

„Der hat doch einen Vogel", sagen wir über den Nachbarn von
Aleeke, der sie triezt, weil sie Schwarz ist. „Nein." Sie schüttelt
den Kopf. „Er hat eine Katze." „Ich meinte, er hat nicht mehr alle
Tassen im Schrank. Er spinnt."

Das müssen sie leider lernen, da führt kein Weg dran vorbei. Und
unsere Sprache ist gespickt von solchen Redewendungen. Es gibt
aberhunderte davon. Ich plädiere dafür, dass wir im Gegenzug
ein paar Redewendungen aus anderen Sprachen bei uns aufnehmen.

Zum Beispiel aus dem Arabischen: „Die Tür ist groß genug für
ein Kamel." Dann kann auch locker ein ungebetener oder lästiger
Gast durch diese Tür das Haus verlassen.

Oder: „Ich habe den Boden gegessen", was im Persischen dafür
steht, dass es einen auf die Schnauze gehauen hat.

„Schwiegervater, dreh dich um, ich muss mich bücken." So heißt
der Minirock in der Sprache der Xhosa in Südafrika.

„Lasciami stare… ho un diavolo per capello", aus dem Italienischen ist auch sehr schön, allerdings nichts für Glatzköpfe. „Lass
mich in Ruhe… in mir sind Teufel, für jedes Haar einer!" Wer

nicht über die üppige Haarpracht eines Italieners oder einer Italienerin verfügt, sollte weiterhin sagen: „Das macht mich fuchsteufelswild."

Nun bin ich leider etwas abgeschweift. Zurück zu meinem Plädoyer und den Verbesserungsvorschlägen. Hier hat Abbas Khider mit seinem epochalen Werk „Deutsch für alle" schon unschätzbare Vorarbeit geleistet. „Ich wünsche mir, dass die deutsche Sprache sanft und nachgiebig wird, sodass ich nicht mehr wochenlang im Arbeitszimmer hocke, um vier Seiten in Ordnung zu bringen."

Da bin ich ganz bei Ihnen, Herr Khider. Also packen wir es an:

Den Flüchtlingen, die aufgrund von Kriegshandlungen und Terroranschlägen sowie von existenziellen Bedrohungen durch Verfolgung, Vertreibung und Not ihre geliebten Heimatländer verlassen mussten, wird bei ihrer Ankunft in Deutschland sofort durch die Deutschen klargemacht, dass sie, wollen sie hier akzeptiert und integriert werden, die deutsche Sprache unabdingbar beherrschen müssen. Die Flüchtlinge, die auf ihrer Flucht durch unwirtliche Ländereien und über die Meere in überfüllten Booten oft den Tod vor Augen hatten, immer in der Hand von skrupellosen Schlepperbanden, denken nun, dass nichts Schlimmeres mehr kommen könnte. Doch dann konfrontiert man sie mit der deutschen Grammatik, der deutschen Aussprache und den endlosen Unregelmäßigkeiten und Ausnahmen der deutschen Sprache.

Diesen Text müssen wir zunächst in einfache Sprache übersetzen. Anders ist er nicht zu handhaben:
Die Flüchtlinge mussten ihre geliebten Heimatländer verlassen. Denn dort waren Krieg und Terroranschläge. Sie waren existenziell bedroht, weil man sie verfolgt oder vertrieben hat oder weil sie in großer Not waren. Die Deutschen machen den Flüchtlingen sofort nach der An-

kunft in Deutschland klar, dass sie unabdingbar die deutsche Sprache beherrschen müssen. Sonst werden sie nicht akzeptiert und integriert.

Die Flüchtlinge haben auf ihrer Flucht durch unwirtliche Ländereien und über die Meere in überfüllten Booten oft den Tod vor Augen gehabt und sie waren immer in der Hand von skrupellosen Schlepperbanden. Sie denken, dass nun nichts Schlimmeres mehr kommen kann. Doch dann konfrontieren die Deutschen die Flüchtlinge mit der deutschen Grammatik, der deutschen Aussprache und den endlosen Unregelmäßigkeiten und Ausnahmen der deutschen Sprache.

Dann wird dies nach den neuen Regeln ins Neudeutsche übersetzt. Ich nenne noch einmal die wichtigsten:

· Die Deklination wird abgeschafft. Hauptwörter sind unveränderbar. Dativ und Genitiv werden abgeschafft beziehungsweise durch Präpositionen neu strukturiert.
· Der Artikel wird komplett abgeschafft.
· Das Verb kann stehen, wo es will, nur nicht am Ende des Satzes, auch und erst recht nicht im Nebensatz.
· Der Plural von allen Hauptwörtern endet auf -lar. Der Stamm eines Hauptwortes ist unveränderbar.
· Adjektive sind ebenfalls unveränderbar, auch vor einem Hauptwort. Sie werden nicht mehr dekliniert.
· Alle Verben sind regelmäßig; alle Verben sind untrennbar.
· An Wort- und Morphemgrenzen steht ein Bindestrich.

Danach lautet der Text in Neudeutsch:
Flüchtlinglar mussten verlassen ihr geliebt Heimat-landlar. Denn dort war Krieg und Terror-anschlaglar. Sie waren existenz-iell bedroht, weil man hat geverfolgt oder gevertreibt sie oder weil sie waren in groß Not. Deutschelar machen klar zu Flüchtlinglar sofort nach Ankunft in Deutsch-land, dass sie beherrschen müssen deutsch Sprache. Sonst nicht geakzeptiert und nicht geintegriert werden sie. Flüchtlinglar

*haben gehabt auf ihr Flucht durch unwirtlich Ländereilar und über
Meerlar in über-füllt Bootlar Tod vor Augelar, und sie waren immer in
Hand von skrupel-los Schlepper-bandelar. Sie denken, dass nun kommen kann nicht Schlimmeres mehr. Doch dann Deutschelar konfrontieren Flüchtlinglar mit deutsch Grammatik, deutsch Aus-sprache und
endlos Un-regel-mäßig-keitlar und Aus-nahmelar von deutsch Sprache.*

Leider, leider erkennen wir hier ein Problem. Ein deutscher Ureinwohner, der sich nicht intensiv mit den Regeln des Neudeutschen auseinandergesetzt hat, wird diesen Text wahrscheinlich
zwei bis drei Mal lesen müssen, um ihn zu verstehen. Und das
birgt Konflikte ohne Ende. Denn viele Deutsche werden sich
nicht die Mühe machen, ja, sie werden sich weigern, diese Regeln
zu lernen, nachdem sie in einer Kindheit mit endlosen zermür-
benden Korrekturen durch Eltern und Lehrer endlich den Plural
von Wörtern wie *Apfel*, *Eimer* oder *Korn* richtig bilden, die unregelmäßigen Verben halbwegs korrekt konjugieren und einen
Dativ von einem Akkusativ unterscheiden können.

Lieber Abbas Khider, ich fürchte es wird nicht funktionieren.
Wir riskieren einen Aufstand. Einen sprachlichen Glaubenskrieg
zwischen den Einheimischen und den Zugereisten. In den
Schulbehörden werden die Fetzen fliegen zwischen den Erneue-
rern und den Bewahrern. Möglicherweise wird es zwei Varianten
desselben Schulbuches geben. Die Klassenzimmer werden zum
Schlachtfeld. Und je nachdem, auf welcher Seite der Lehrer steht,
werden mal die einen, mal die anderen untergebuttert. Am Ende
– so fürchte ich – wird es ausgehen wie beim Versuch der konse-
quenten Kleinschreibung.

Was hatte man nicht alles versucht, um den Irrwitz der deutschen
Klein- und Großschreibung auszumerzen. Ein Irrwitz, den sich

keine andere mir bekannte Sprache erlaubt. Selbst in anderen germanischen Sprachen wie Niederländisch, Dänisch, Schwedisch oder Norwegisch, erst recht aber in den romanischen Sprachen, steht ein Großbuchstabe am Beginn eines Satzes und eines Eigennamens. Alles andere wird auf simple und einfache Weise klein geschrieben.

Die Deutsche Journalisten Union und die Industriegewerkschaft Druck und Papier haben es gewagt. Ihre Zeitungen und Zeitschriften, ja ganze Bücher, wurden in den achtziger Jahren des letzten Jahrhunderts in konsequenter Kleinschreibung verfasst. Zugegeben – als durchtrainierte Groß- und Kleinschreiberin war das schon eine Zumutung, und man musste sich einlesen in diese Niederungen. Und wahrscheinlich ist das Projekt auch genau daran gescheitert. Wer so viele rote Fehlermarkierungen in Klassenarbeiten kassieren musste, sich durchgebissen hat und so viele Mühen darauf verwendet hat, die rund 30 Dudenregeln der Groß- und Kleinschreibung zu beherrschen, wer immer wieder in Zweifelsfällen nachschlägt – *Mal* oder *mal*, *Früh* oder *früh*, *Tausende* oder *tausende* – dem wird es doch schwer aufstoßen, wenn die ganze Plackerei umsonst war.

Ich fürchte, dass es den neudeutschen Grammatikregeln ebenso ergehen wird. Am Ende werden es gerade die Ausländer sein – solche wie Monaf und Christas irakischer Musterschüler oder vielleicht auch arabische deutschschreibende Schriftsteller wie Rafik Shami und sogar Abbas Khider – die alle Mühen der Welt, das endlose Üben und Auswendiglernen von sinnlosen Regeln und deren Ausnahmen auf sich genommen haben, um diese Sprache perfekt zu beherrschen – sie werden es sein, die das alte, krude und verkrustete Deutsch mit Zähnen und Klauen verteidigen werden, weil sie sich sonst die ganze Mühe umsonst gemacht hätten.

Wir sollten dennoch nicht aufgeben. Auch, um der deutschen Sprache willen. Weil es ihr sonst ergehen wird, wie Mark Twain es schon prophezeite: „Es liegt also auf der Hand, dass die letztgenannte Sprache gestutzt und ausgebessert werden muss. Wenn sie so bleiben sollte, wie sie ist, müsste man sie sanft und ehrerbietig bei den toten Sprachen absetzen, denn nur die Toten haben Zeit, sie zu lernen."

Es muss also etwas geschehen. Aber die Strategie muss eine andere sein. Wir müssen unsere schöne deutsche Muttersprache einfach der Evolution überlassen. Und dafür sind Ausländer unverzichtbar.

Bestes Beispiel ist die Kanak-Sprak, eine Mischung aus Türkisch, Arabisch, SMS-Sprache und altehrwürdigem Deutsch. Gesprochen zum Beispiel vom Comedian-Duo „Mundstuhl":

„Alder, was geht?"

„Konkret, ich hab neue Job, verstehst du."

„Alder!"

„Konkret, ich bin korrekt Lehre jetzt, weissu?"

Deutsche Jugendliche sagen bereits ungeniert: „Du Alman; mach kein Auge; ich geh Bahnhof." Das arabische „Inschallah", das man mittlerweile fast genauso oft hört wie „Tschüss", hat es sogar schon in den Duden geschafft.

Das geht doch schon voll in die richtige Richtung! Die Artikel fallen weg; die Adjektive werden nicht mehr dekliniert; überflüssige Präpositionen fallen weg; Lehnwörter aus anderen Sprachen fließen ein, und es ist vollkommen egal, ob das Hilfsverb *haben* oder *sein* verwendet wird.

Sprachwissenschaftler konstatieren die Entstehung einer Sprache, die sie Multi-Ethnolekt nennen und die nicht nur von einer

Gruppe, sondern von Jugendlichen unterschiedlichster Herkunft verwendet wird. Heike Wiese, Linguistin an der Universität Potsdam, hat dies untersucht und festgestellt: „Ein Ethnolekt ist eine systematische Varietät, die in sich Sinn ergibt, und die Strukturen hat, die man erlernen kann." Sie bestätigt, dass die Grammatik eigenen Regeln folgt und dass Zuwanderung und damit Mehrsprachigkeit Motor der Entwicklung sind: „Dieser Multi-Ethnolekt entwickelt sich besonders schnell und systematisch, weil es viele mehrsprachige Sprecher gibt."

Allen, denen das gegen den Strich geht, kann man nur sagen, dass es solche Entwicklungen schon immer gegeben hat. Das Ruhrdeutsch hat Einflüsse der slawischsprachigen Arbeitsmigranten aus Oberschlesien, Masuren, Polen und Slowenien. Die „Lingua franca" – italienisch für „fränkische Sprache" – ist als Pidgin-Sprache entstanden. Im Mittelalter war sie durch den Sprachkontakt zwischen Romanen und Sprechern nichtromanischer Sprachen, insbesondere des Arabischen, als Handels- und Verkehrssprache bis ins 19. Jahrhundert vorwiegend an der Süd- und Ostküste des Mittelmeers verbreitet. Heute bezeichnet „Lingua franca" alle Misch- und Pidginsprachen, die zur Verständigung von Sprechern verschiedener Muttersprachen genutzt wird.

Die Sprachenvielfalt des Balkans und die weit verbreitete Mehrsprachigkeit der Bevölkerung führten über die Jahrhunderte dazu, dass sich die Sprachen von Kroatien, Mazedonien, Albanien und Rumänien heute teilweise stark ähneln und viele Lehnwörter durch den Einfluss anderer Balkansprachen entstanden sind.

Malaiisch ist ebenfalls eine Lingua franca. Mit Malaiisch kommt man in Süd-Ost-Asien überall durch, von Malaysia über Indonesien und Thailand bis Kambodscha. Die Sprache basiert auf einer einheimischen Sprache auf Sumatra, ergänzt um Sanskritwörter und seit Jahrhunderten beeinflusst von allen möglichen Sprachen bis hin zum Polynesischen. Und sie hat starke Vereinfachungen erfahren: Weder am Nomen noch am Verb gibt es irgendeine Flexion. Plural wird allenfalls durch Verdoppelung des Wortes gekennzeichnet, zum Beispiel *orang* für *Mensch* und *orang-orang* für *Menschen.* Zeitstufen des Verbs werden durch Adverbien wie *gestern, schon, gerade* oder das Hilfsverb *werden* ausgedrückt.

Ist das nicht herrlich? Könnte dies nicht ein Modell für die deutsche Sprache sein? Die Sprachwissenschaftler sind sich einig darüber, dass heute schon überall im Land neue Formen des Deutschen gesprochen werden. Der Sprachwissenschaftler Uwe Hinrichs von der Universität Leipzig meint: „Die Migration verändert die Sprache massiv. Am Ende steht vielleicht eine grammatische Struktur wie im Englischen."

Ja, auch die Weltsprache Englisch ist ein Pidgin, eine Mischsprache mit unzähligen Vereinfachungen gegenüber den Ursprungssprachen. Altenglisch – das war noch typisch Westgermanisch mit vielen Flexionen – Beugungen und Biegungen und endlos vielen Endungen an Verben, Substantiven, Adjektiven und weiß der Henker, wo sonst noch. Die Römer brachten den Jüten, Angeln und Sachsen dann schon ein paar lateinische Wörter bei. Dann fielen Ende des 11. Jahrhunderts die Normannen in England ein. Sie ersetzten die gesamte Oberschicht, und die Adligen sprachen nur noch Französisch.

Doch dann erstarkte durch Handel und Gewerbe eine potente Mittelschicht, die immer noch Englisch sprach. Der Adel aber bekam zunehmend Trouble mit dem französischen Mutterland und fand Englisch aus patriotischen Gründen plötzlich ganz nice.

Zwischen 1250 und 1400 wurde die englische Sprache als Pidgin der Oberschicht neu erfunden. Viele irreguläre Verben wurden zu regulären Verben (*flow – flowed; fließen – floß*). Die Verbflexion wurde aufgegeben (im Mittelenglischen noch *ich make, thou makest;* im Neuenenglischen *I make, you make*). Außer dem sächsischen Genitiv (*my brothers father*) gibt es keinen Kasus mehr, und auch das grammatische Geschlecht ist verschwunden – alles ist *the* oder *a;* Männer sind *he,* Frauen sind *she,* und alles andere ist *it.*

Wie wunderbar einfach! Nur so kann man es zur Weltsprache bringen. Sollte die deutsche Sprache jemals die Chance haben, eine Weltsprache zu werden, sind wir weiterhin auf Zuwanderung angewiesen. Wir brauchen die Ausländer, damit die deutsche Sprache „sanft und nachgiebig wird".

Und nicht nur dafür. Wir würden damit auch ein weiteres Problem lösen: Deutschland hat nach Japan die zweitälteste Bevölkerung der Welt. Seit 1970 werden jährlich im Durchschnitt ein Drittel weniger Kinder geboren, als es erforderlich wäre, wenn wir die Zahl der Erwerbstätigen konstant halten wollen. In den nächsten beiden Jahrzehnten werden nach Angaben des Bundesinstituts für Bevölkerungsforschung mehr als 20 Millionen Menschen in Deutschland das Ruhestandsalter erreichen. 2040 wird der Anteil der über 67-Jährigen voraussichtlich auf 27 Prozent Bevölkerungsanteil gestiegen sein, bei weiter steigender Lebenserwartung. Zugleich kommen von unserem Nachwuchs aber nur 14 Millionen Menschen ins erwerbsfähige Alter. In 30 Jahren wird jede zehnte Person über 80 Jahre sein. Der Anteil dieser Altersgruppe wäre dann doppelt so groß wie heute, wo jeder zwanzigste über 80 ist. Bis 2060 werden wir rund 40 Prozent weniger Menschen haben, die erwerbstätig sind oder sein können. 18 Millionen Menschen fehlen uns dann. Vor allem im Handwerk, in der Gastronomie und in der Pflege von Kranken und Alten. Und was man unbedingt wissen muss: Bei diesen Zahlen gehen die Wissenschaftler und Statistikerinnen schon davon aus, dass Deutschland eine Zuwanderung von 200.000 Menschen pro Jahr in den nächsten Jahrzehnten haben wird! Andernfalls fällt die sogenannte demografische Lücke noch krasser aus.

Wenn wir aber Zuwanderung – in welcher Form auch immer – haben werden, dann wird es für die Neuankömmlinge wieder heißen: „Du musst dich integrieren. Du musst Deutsch lernen. Deutsch ist das Tor zur Integration." Und hier beißt sich die Katze in den Schwanz: Da es mit der sprachlichen Revolution durch eine fundamentale Reform der grammatikalischen Regeln voraussichtlich nicht klappen wird und wir auf die Evolution der deutschen Sprache durch die Einflüsse der Fremdlinge und Einwanderer hoffen müssen, werden die armen Neuankömmlinge zunächst keine wesentlichen Verbesserungen vorfinden. Leider wird man die deutsche Sprache noch eine ganze Weile in ihrer jetzigen verqueren Fassung weiter lehren müssen, um keinen Aufstand all jener zu riskieren, die sich durch all das schon in Kindheit und Schule sowie in unendlichen Deutschkursen durchgebissen haben.

Man wird sie also weiterhin brauchen, all die Lehrer und Lehrerinnen für Deutsch als Fremdsprache. Und vielleicht sogar noch dringender als bisher. Man stelle sich vor: 200.000 Neuankömmlinge pro Jahr aus aller Welt. Und allen muss Deutsch in seiner jetzigen Form beigebracht werden. Was für eine Herkulesaufgabe. Sie, lieber Leser und liebe Leserin, werden nach der Lektüre dieses Buches verstehen, welch stoische Kraft Lernende und Lehrende dafür aufbringen müssen. Will man den Einwanderern helfen, sich bei uns zurechtzufinden, damit sie hier leben, arbeiten und unsere Sprache vereinfachen und weiterentwickeln können, so müssen wir ihnen zunächst einmal wieder die Deklination in Dativ und Akkusativ, die unregelmäßigen Verben, die regel- und planlosen Pluralbildungen, das Diktat des Verbzweits und seine absurde Entmachtung im Nebensatz, die Groß- und Kleinschreibung und die Zeichensetzung beibringen. Wir müssen eigentlich verständliche Sätze umformen lassen, damit die deutsche Syntax stimmt. Wir werden wieder unablässig und ohne jede Aussicht auf Nachhaltigkeit den richtigen Gebrauch des männlichen, weiblichen und sächlichen Artikels anmahnen müssen, jedes Mal wieder korrigieren, wenn im Perfekt die Hilfswörter *haben* und *sein* falsch eingesetzt werden. Wir werden weiterhin verzweifeln, wenn große verstörte Augen uns anschauen und wir gefragt werden: „Warum falsch?"

Der Leidensweg der Deutsch-als-Fremdsprache-Lehrer ist wohl noch lange nicht zu Ende, auch wenn es den Silberstreifen am Horizont gibt, dass vielleicht eines Tages die schlimmsten Auswüchse geglättet werden und Deutsch die Chance hat, sich zu einer echten Weltsprache zu entwickeln. Ich hoffe, es wurde Ihnen, liebe Leser und Leserinnen, vollkommen klar, welch zentrale und systemrelevante Funktion Deutsch-für-Ausländer-Lehrer für Sprache und Gesellschaft in der Zukunft haben. Ich plädiere daher dafür, dass uns kollektiv ein Orden verliehen wird – zum Beispiel das Bundesverdienstkreuz.

Danksagung

Es gibt Bücher, die kann man im stillen Kämmerlein schreiben. Dieses nicht.

Zugegeben: Alle Geschichten in diesem Buch sind wahrheitsgemäße Dichtung. Manches hat sich so oder ähnlich oder auch ganz anders zugetragen. Die Namen aller Personen können keinem realen Vorbild zugeordnet werden. Die Charaktere sind frei nach der Wirklichkeit erfunden.

Doch ohne die vielen Gespräche mit Geflüchteten, die mir freimütig ihre Erlebnisse und Erfahrungen erzählt haben, die ihre Schwierigkeiten mit der deutschen Sprache geschildert haben, hätte dieses Buch niemals entstehen können. Diesen Menschen, die auch hier nicht mit Klarnamen genannt werden können, gilt mein ganz besonderer Dank.

Ein großes Dankeschön geht zudem an die Mitstreiter im Helferkreis Breisach. Ohne sie wäre die Integration der vielen Neuankömmlinge niemals so gelungen, wie wir es in unserer Stadt erlebt haben. Viele von ihnen haben mit ihren Schilderungen ebenfalls zum Entstehen des Buches beigetragen. Mein Dank geht insbesondere an (alphabetisch) Ami, Cornelie, Gaby, Frau Dr. H., Heiko, Inge, Herrn K., Kay, Kerstin, Manfred, Markus, Michaela, Reinhard, Sabine, Traudel und Frau W.

Ein Dankeschön geht an Samira und Christa für ihr kritisches Lektorat und ihre hilfreichen Anmerkungen. Und ein ebensolches an Dr. Katrin Bischl, die mit ihren profunden Kenntnissen der keinesfalls trivialen deutschen Rechtschreibung und Zeichensetzung dem Buch den Feinschliff gegeben hat.

Literatur

Abbas Khider: Deutsch für alle. Das endgültige Lehrbuch
Carl Hanser Verlag, München 2019

Mark Twain: The Awful German Language / Die schreckliche
deutsche Sprache
NIKOL-Verlag, Hamburg 2019

Dieter Wunderlich: Die Sprachen der Welt. Warum sie so verschieden sind und sich doch alle gleichen
WBG, Darmstadt 2015

Kristin Kopf: Das kleine Etymologicum. Eine Entdeckungsreise
durch die deutsche Sprache
Klett-Cotta, Stuttgart 2014

Bastian Sick: Der Dativ ist dem Genitiv sein Tod. Ein Wegwei-
ser durch den Irrgarten der deutschen Sprache
Kiepenheuer & Witsch, Folge 1-3, Köln 2008; Folge 4-6, Köln
2016

Rafik Schami: Eine Germanistin im Haus erspart den Psychia-
ter; in: Eine deutsche Leidenschaft namens Nudelsalat
dtv, München 2016

Inhalt